이단감별사
그것이 알고 싶다

- 최삼경 편 -

KB190840

이단감별사
그것이 알고 싶다 - 최삼경 편-

지 은 이	황규학
초판 발행	2024년 8월 30일
펴 낸 곳	에셀나무
디 자 인	에셀나무
등 록	제 2020-000064호
주 소	서울 송파구 송파우체국 사서함2호
전 화	02-423-4131 / 010-6642-4131
팩 스	02-423-4138
I S B N	979-11-987580-5-7
한 권 값	7,700원

한국교회를 30년 동안 농락한

이단감별사
그것이 알고 싶다

- 최삼경 편 -

| 황규학 저 |

에셀나무

필자는 2021년에 에셀출판사를 통해 '이단감별사들의 한국교회 대사기극'을 펴냈다. 616페이지 중, 최삼경 목사에 대해서 약 350페이지를 할애해서 다루었다. 그는 탁명환 이후 대표적인 이단감별사로서 특정한 목사와 단체를 이단 정죄하는 데 강력한 영향력을 행사한 인물이다. 그는 대형교회 목사들이 잘못된 기준을 갖고 이단으로 정죄되는 데 직간접적인 영향을 끼친 인물이다. 그래서 그의 교단 내에서의 활동내역에 대해서 다룰 필요가 있었다.

그는 1985년 예장합동 교단에서 예장통합 교단으로 불법으로 이명을 하여 예장통합 교단 73회기부터 96회기까지 이단사이비대책위원회에서 약 13년간 활동하면서 한국교회 이단 정죄에 강력한 영향력을 행사하였다. 통합교단은 합동교단에서 온 최삼경에게 농락을 당하여 가장 많은 이단을 정죄하는 교단이 되어버렸다.

그러므로 '이단감별사들의 한국교회 대 사기극'은 최삼경이 교단의 이대위를 통하여 어떤 활동을 하였는지 총회록을 통해서 자세하게 드러내 주고 있다. 그러나 최삼경이 누구인지에 대한 구체적인 내용은 없다.

그래서 '이단감별사 그것이 알고 싶다 -최삼경 편-'에서는 최삼경의 학력, 교단이명, 족보, 원로 목사 추대, 우상숭배 및 성 상납 의혹, 불법 후원금, 불법 후원교회 명단, 광성교회와 이재록으로부터 금품 수수, 전광훈 목사에게 5억 요구, 이인강 목사 협박, 김의식 목사로부터 피소, 이단사이비대책위원회 활동, 이단 정죄의 기준(귀신론), 이단 조작을 통한 박윤식 이단 정죄, 사무장 병원 운영, 삼신론, 마리아 월경잉태론, 최삼경의 언어, 이단 정죄 영향 등에 대해 79가지 문답 형식을 갖고 최삼경의 정체성에 대해서 다루었다.

대부분 법원 판결문, 총회록, 언론 기사, 유튜브 등 객관적인 자료를 갖고 최대한 사실에 입각하여 의견 표현을 하고자 했다. 최삼경은 이미 교단에서 은퇴하였지만 여전히 언론을 통하여 공적인 활동을 하고 있어 이단감별사로서 그가 누구인지 한국교회에 알릴 필요가 있다고 생각되어 이 책을 펴내게 되었다. 이 책을 보면 최삼경의 40년 이단감별사로서의 활동 내역을 상세하게 알 수 있다.

2024년 8월 14일

이단감별사 최삼경!

최삼경은 자신이 세운 귀신론적 기준을 갖고
수많은 사람을 이단 정죄했고,
사소한 윤리적 단점이라도 나타나면 침소봉대하여
자신은 의인인 듯 타인에 대해서는 의혹만 발생해도
수십 개의 기사를 써서 악인으로 몰아갔다.
그래서 누가 진정으로 의인인지, 악인인지 구분해 보자는 것이다.

학력

I. 최삼경의 학력에 대해서 알고있나요?

최삼경은 부안농고를 졸업하고 1969년 각종학교인 총회신학교에 입학을 했습니다. 1975년에는 문교부에 아직 정식 대학교로 인정하지 않은 총회신학원에 입학을 했습니다. 그는 총회신학원 73기입니다.

검색방법(한가지만 선택하세요)		◉성명 ○
번호	성명	회기
1	최삼경	73

그런데 최삼경은 버젓이 총신대학교와 총신대학교 신대원을 졸업한 것으로 학력을 기재하고 있습니다.

약력 및 가족관계
Personal and Family History

최 삼 경 목사

○ 학력
1. 총신대학교(B.A) : 1969년 3월 ~ 1975년 2월 20일
2. 총신대학교 신학대학원(B.D) : 1975년 3월 ~ 1980년 2월 22일
3. 미국 Fuller신학교 석사(TH.M) 코스 입학 : 1983년
4. 장로회신학대학 신학대학원 연수 : 1986년 3월 ~ 1987년 2월
5. 샌프란시스코 목회학 박사(D, Min) 과정 이수 : 1987년 ~ 1990년
6. 카자흐스탄 국립대학 명예철학박사(PH, D) 취득 : 1996년 6월 30일

원로목사 소개

약력

빛과소금교회 원로목사 **최삼경 목사**

· 총신대학교(B.A)
· 총신대학교 신대원(M.div)
· 미국 Fuller 신학교 석사(Th.M) 코스 연수
· 장로회신학대학교 청목과정 수료
· 샌프란시스코신학대학 목회학 박사 과정 이수
· 카자흐스탄 국립대학 명예 철학박사

총신대학교 연혁을 보면 1967년 6월 12일 문교부로부터 대학령에 준한 총회신학교 설립인가를 받았고, 총회신학교는 1969년 12월 27일이 되서야 총신대학교로 설립인가를 받습니다.

1969. 12.27 문교부로부터 4년제 정규대학인 총회신학대학 설립인가를 받다. (신학과 50명)

이단감별사! 그것이 알고 싶다

1972	03.01
	김희보 박사가 제8대 학장으로 취임하다.
1969	**12.27**
	문교부로부터 4년제 정규대학인 총회신학대학 설립인가를 받다. (신학과 50명)
	02.13
	제7대 교장에 박형룡 박사가 취임하다.
1967	06.12
	문교부로부터 대학령에 준한 대한예수교장로회 총회신학교 설립인가를 받다.
	05.04
	문교부로부터 학교법인 대한예수교장로회 총회신학원 설립인가를 받다.
	초대 이사장에 백남조 장로가 취임하다.
	03.10
	학제 중 예과 2년을 대학부 4년으로 개편하다.

　　총신대학교는 1970년부터 정식으로 입학생을 받았습니다. 최삼경은 학력고사 없이 1969년 각종학교인 총회신학교에 들어갔습니다.

2. 최삼경은 학력에 대해서 어떻게 표기해야 하나요?

　　최삼경은 '총신대학교(B.A)'가 아니라 '총회신학교 졸업'이라고 표기했어야 합니다. 신학대학원도 '총회신학원 연구과정'으로 표기해야 합니다.

3.최삼경은 자신의 학위에 대해서 어떻게 말하고 있습니까?

　　"필자가 총신에 입학할 1969년 당시, 총신은 대학 인가를 받지 못하였다. 그러나 후에 필자는 문교부 학위를 정식으로 받을 수 있었다. 그래서 필자가 본 교단으로 이적을 하면서 문교부 학위증을 본 교단에 제시하고 청목과정을 할 수 있었다"

> 필자가 총신에 입학할 1969년 당시, 총신은 대학 인가를 받지 못하였다. 그러나 후에 필자는 문교부 학위를 정식으로 받을 수 있었다. 필자는 황 씨처럼 속이며 사는 거짓된 자가 아니다. 필자는 문교부에 등록된 정식 학위가 있다. 당시 유학을 가려면 B학점 이상을 받아야 하는데, 다행히 B학점 이상 받아 유학 허가까지 받았다. 그래서 필자가 본 교단으로 이적을 하면서 문교부 학위증을 본 교단에 제시하고 청목과정을 할 수 있었고, 결국 본 교단 목사 되었다. 황 씨는 노회

그는 각종학교에 들어갔으면서 정식 대학학위를 받았다고 말합니다. 그러나 졸업장을 공개하지 못하는 이유는 학교가 대학 학위번호가 없는 각종학교 입학한 사람들을 위하여 그들이 예비고사 성적만 가져오면 늦게라도 학위번호를 문교부에 신청한다고 불법을 저질렀거나 교육부가 인정한 학위번호가 없기 때문입니다.

총신대와 학생들이 불법으로 타합을 하여 문교부를 속이고 학위번호를 남발하였던 것입니다. 그래서 그의 졸업장에 학위번호가 있다면 불법 졸업장일 확률이 커 공개를 하지 못하는 것입니다. 일부분만 공

12
이단감별사! 그것이 알고 싶다

개한 것입니다.

총신대학교는 1969년 12월 27일에 문교부로부터 정식 대학 인가를 받았습니다. 총회신학대학교로 인정받습니다. 총신대학교는 1970년부터 정식 대학생 37명을 입학시킵니다. 1969년에는 대학부 신입생을 받지 않았습니다. 최삼경은 1969년에 총회신학교에 입학했습니다.

총신대학교 신학과는 1970년도 부터 1979년까지 매년 37, 32, 70, 50, 30, 30, 30, 30, 30, 29, 30명을 받습니다. 예과는 1973년부터 1979년까지 71, 89, 122, 36, 69, 104, 108명을 입학시킵니다.

신학원 신입생 현황표 2

학과/년도	68학년도	69학년도	70학년도	71학년도	72학년도	73학년도	74학년도	75학년도	76학년도	77학년도	78학년도	79학년도	80학년도
대학부 (신학과)			37	32	70	50	30	30	30	30	29	30	
종교교육과	19	20					20	20	30	30	27	30	
종교음악과							20	20	20	40	40	40	
대학부 (신예과)						71	89	122	36	69	104	108	
예 과													60
예 음													40
성문과	30	30											
신학연구원	19	27		33	44	49	61	75	89	87	106	145	156
신학부			30										
교역자 연수원	20	25		12	35	38	44	35	43	61	73	95	48
예교역자 연수원							11	9	6	21	27	29	26
대학원	5	23	22									12	
목사이수자													12
계	93	125	79	77	149	230	275	311	252	338	406	489	341

총신대학교 100년사를 보면 최삼경이 들어간 각종학교는 대학이 아니라 대학 기준에 미달하는 고등교육기관이었습니다. 즉 대학교가 아니라는 것입니다.

문교부가 인가해주고 있던 〈각종학교〉는 시설면에서나 인적자원면에서 대학기준에 미달하는 상태에 있는 고등교육기관을 말하는 것이었다. 그와 같은 기관에서 교육을 받는 학생들에게 대학졸업생들과 가같이 학사학위

680 총신대학교 100년사

를 수여하지 않고 다만 정규대학생들과 같이 학력을 인정하여 대학원 진학의 길을 열어주고 있었을 뿐이었다. 그러므로 각종학교 졸업생으로서 학계나 사회에 진출할 때 떳떳하지 못하였고 더구나 해외유학을 희망하는 학생들에게는 여러 가지 장애물이 가로놓여 있었다. 시대는 변하여 바야흐로 세계를 향해서 뻗어나가려는 젊은 총신인들에 4년제 정규대학설립은 필요 불가결의 선행조건이 되어 있었다. 부차적으로는 군대입대문제도 법적으로 연기를 받을 수 있었던 것이다.

그러나 총신 90년사에 의하면 제5회 1974년의 졸업자 명단에 최삼경의 이름이 들어있습니다. 1970학년도 입학자 37명, 1971년도 입학자가 32명인데 졸업생 명단은 62명으로 되어 있습니다. 본과 출신과 예과 출신자(각종학교 출신)들 30여 명이 함께 한 명단입니다. 최삼경은 1974년에 졸업한 것으로 되어 있습니다. 1969년에 입학을 해서 방위 1년 교육을 받느라 휴학하고 다시 복학해서 공부한 햇수를 합치면 1974년 졸업이 맞습니다.

제5회 1974학년도 졸업

〈신학과 : 제 5 기〉(62명)

한영훈	김주경	이근우	한순수	강흥주	김주석	이정석	오귀훈	김종윤	양재동
문석호	최봉호	주정오	최종현	유홍재	최건우	이기양	정팔호	예대윤	하문호
임동하	이근구	장재영	동성철	안대혁	장세훈	김성환	안경만	이성탁	김재현
통양수	윤종욱	손주영	이 정	손병기	고영길	김정림	김효성	노의임	김환모
강성일	김학신	박형희	손병성	안제도	한성숙	안제훈	천철희	유병수	오덕교
한순주	한경혁	최삼경	김승연	김종상	남순자	유일근	이정현	한혜신	임영숙
이재일	장 수								

최삼경이 입학하였을 때는 성문과(각종학교)는 30명이었고, 총신대가 정식 대학으로 허가되었을 때, 1970년 모집한 학생 수는 30명입니다.

그래서 성문과 30명(각종학교), 신학과 30명(정식 대학)과 합쳐 편입생 2명으로 하여 62명이 졸업을 한 것입니다.

그래서 최삼경이 떳떳하지 못하기 때문에 대학 졸업장을 공개하지 못하는 것입니다. 다음은 최삼경이 공개한 졸업장입니다.

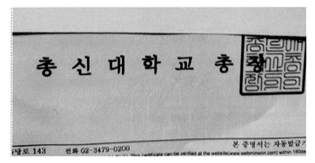

4. 총회신학원 이사회록에서 학력인정승인청원건에 대해서 회의를 한 적이 있나요?

총회신학원 제13회이사록에 의하면 1971년 4월 29일 총회신학원 이사들은 학력인정승인청원건에 대해서 회의를 하였습니다.

"총회신학대학 정식인가 받기 전에 각종 학교로 인가되었을 때에 입학되었던 (1971년도에는 3, 4학년에 해당한) 학생들에게 대해서는 학력인정승인을 받도록 문교부에 청원한 것을 고성훈 이사의 동의와 양재열이사의 재청으로 제출할 것을 가결했다.”

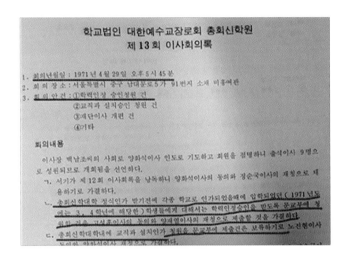

학교가 선택한 방법이 미리 졸업한 학생들에게 예비고사 성적을 가져오게 하는 것으로 학교가 불법을 저질렀던 것입니다.

이러한 학력은 이단감별사 진용식에게도 나타납니다. 법원은 그가 정상적으로 인가받은 고등학교와 대학을 졸업한 사실이 없다고 했습니다.

교단 이명

5. 최삼경은 1985년 예장합동 교단에서 예장통합 교단으로 이명을 하였는데 합법적인가요?

최삼경은 자신이 1985년 7월 14일 예장통합 소속 빛과 소금교회에 부임하였다고 적고 있습니다. 그리고 1986년부터 1987년까지 합동교단에서 통합교단으로 이명하기 위하여 장신대에서 청목과정을 밟았다고 언급하고 있습니다. 71회기때부터 청목과정을 밟은 것입니다.

> 1985년 7월 14일에 구 '퇴계원교회' 현재 '빛과소금교회'로 부임하여 지금까지 사역을 하고 있는 중이다. 최삼경 목사가 타교단에서 목사안수를 받았기 때문에 교단 신학교인 장신대 신학대학원에서 1년 동안 청목과정을 밟았다. 아울러 샌프란시스코 신학교에서 박사과정을 마쳤고, 1998년 6월 30일에는 카자흐스탄 국립대학으로부터 명예철학박사 학위를 수여받기도 했다.[54]

그러나 그가 1985년 7월 14일 예장통합 교단 소속 빛과 소금교회로 이명한 것은 불법입니다. 당시는 타교단에서 예장통합 교단으로 이명하려면 반드시 N.C.C 회원교단이라야 합니다. 그러나 합동교단은 N.C.C 회원교단이 아닙니다.

63회 총회록에서 정치부는 "타교파 목사를 청빙하려 할 때 인정할 수 있는 교파를 지적하여 달라는 건은 이미 총회에서 N.C.C교단으로만 규정한 바 있으므로 종전대로 시행하기로 하다(63-정치부-168)"로 해석하였습니다.

어 닫라는 것은 정규 신학대학을 졸업한 자에 한하여심 심사하여 발로록
하다.

▲ 63회 총회록

이처럼 최삼경은 처음부터 불법으로 교단을 이명한 것입니다. 오자
마자 박종순 목사의 비호아래 예장통합 교단의 이대위를 장악합니다.

6. 타교단에서 이명을 하기 위해서는 학사학위가 있어야 하나요?

예, 그렇습니다. 타교단에서 통합교단으로 이명하기 원하는 사람
은 장로회신학대학교 졸업자와 동등한 자격을 갖고 있어야 합니다.

당시 이명을 위한 예
장통합 교단의 기본조건
은 "본 총회가 인정하는 교
파에 속한 자로서 본 총회
직영 신학대학 졸업자와
동등한 자격을 가지고 1년
이상 총회신학대학원에서

제33조 다른 교파 목사의 청빙
다른 교파 소속 목사의 본 총회 산하 노회에 가입하는 절
차는 다음과 같다.
1. 본 총회가 인정하는 교파에 속한 자로서 본 총회 직영
신학대학 졸업자와 동등한 자격을 가지고 1년 이상 총
회 신학대학에서 특별 과목을 수학하고 총회 목사 고
시에 합격한 후 노회 석상에서 목사 서약을 한 자라야
한다.
2. 외국에서 임직된 장로파 목사도 타교파 목사와 같이
한다.
단, 타교파에서 이명온 목사는 1년 간은 교회 청빙은
받을 수 없고 치리권을 가지지 못한다.

특별과목을 수학하고 총회 목사 고사에 합격한 후 노회 석상에서 목사 서약
을 한 자"라야 합니다 .

이단감별사! 그것이 알고 싶다

원로목사 추대

7. 최삼경은 원로 및 공로목사로 추대가 되었습니까?

최삼경은 2021년 12월 19일 빛과 소금교회에서 당시 류영모 총회장으로부터 원로 및 공로목사 추대를 받았습니다.

8. 예장통합 교단헌법에 원로 및 공로목사 추대는 누가하도록 되어 있나요?

원로 및 공로목사 추대 예식은 총회가 아니라 노회가 하도록 되어 있습니다. 즉 총회장이 선포하는 것이 아니라 노회장이 선포해야 하는 것입니다. 총회장이 선포한 원로 및 공로목사는 불법입니다. 교단헌법 정치편 21조와 27조에 원로 및 공로목사에 대해서 규정되어 있습니다.

제21조 [원로목사] 1. 헌법 정치 제27조 8항의 원로목사의 추대는 당회에서 발의하여 공동의회에서 투표 과반수로 가결하고 제8호 서식에 의하여 노회(폐회 중에는 정치부와 임원회)의 허락을 받아 추대한다. 기간의 계산은 그 교회에 실제로 처음 부임한 날부터 합산하여 20년 이상이면 된다. 예우에 관하여는 공동의회에서 가결되면 제직회를 통과한 것으로 본다. [개정 2012.9.20]

2. 예식은 당회가 주관하고 선포는 노회가 한다.

제27조 목사의 칭호

9. 공로목사는 한 노회에서 20년 이상 시무하고 공로가 있는 목사가 노회에 은퇴 청원을 할 때나 은퇴 후 그 공로를 기리기 위하여 노회의 결의로 추대한 목사다. [개정 2012.11.16]

교회해체

9. 최삼경은 청와대 임종석과 명성교회 해체를 시도한 적이 있습니까?

이단감별사! 그것이 알고 싶다

합동교단 허병주 목사는 "최삼경이 찾아와서 자신이 편집한 '40 사십'이라는 책을 주면서 '명성교회 김삼환 목사가 김하나 목사에게 세습하는 것은 신사참배보다 더 한 것'이라고 하면서 명성교회 해체를 논의하려고 임종석을 만나기 위해 청와대를 자주 왕래 하였다"고 하면서 식당에 가서 보리굴비를 사주었다고 했습니다.

우상숭배 및 성 상납 의혹

10. 최삼경은 북한에 두 번 가서 우상숭배 및 성 상납 의혹을 받고 있는데 사실입니까?

최삼경은 본인이 북한에 두 번 갔었다고 말하고 있습니다.

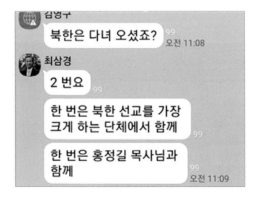

대부분 북한에 간 사람들은 김일성 동상에 절을 하고 김일성 시신을 참배하기 때문에 우상숭배 의혹이 있습니다

일부 북한에 두 번 이상 자주 가는 사람들은 북한 여성으로부터 성상납 의혹을 받고 자식을 낳는다는 소문이 많이 있습니다.

이단감별사! 그것이 알고 싶다

신인균의 북방 tv에는 한 탈북자가 방북자들에 대한 여색 심리공작이 심하다고 했다.

▲ 범민련 노수희 부의장이 다양한 여성들의 손을 잡고 있다. ⓒ 조선중앙통신

불법 후원금

11. 최삼경이 운영하는 교회와 신앙이 불법 후원금을 받은 적이 있나요?

예, 있습니다. 그래서 교회와 신앙의 발행인 장경덕 목사가 불법으로 500만 원 처벌을 받았습니다.

사건 처분 결과 증명서는 법원에서 500만 원으로 확정되었습니다.

사건번호 : 서울중앙지방법원 2020
고약18465

기본내용

청사배치

사건번호	2020 고약 18465	접수일	2020.11.30
대표피고인	장경덕	재판부	2단독(약식)

피고인내용

이 름	사건명
1. 장경덕	기부금품의모집및사용에관한법률위반

12. 불법으로 후원한 교회 명단을 알 수 있을까요?

예, 알 수 있습니다. 이들은 신도들 몰래 교회와 신앙에 매달 불법 후원금 모금이라는 범죄에 협력하였습니다. 공범이 되었습니다. 1년에 1억 5천만 원씩 10년 동안 15억을 받았습니다.

	번호	교회	담임목사	소속	후원금	
3 4						
5	1	가나안	장경덕	통합	100만원	)
6	2	강남동산	고형진	통합	10만원	
7	3	강릉노암교회	김홍천		10만원	
8	4	거룩한빛광성	정성진	통합	10만원	∣
9	5	고창중앙	전종찬	통합	10만원	
10	6	광릉내교회	김상용	통합	5만원	
11	7	구산교회	홍승범	통합	10만원	
12	8	국일교회	정판식		10만원	
13	9	글로리아교회	안요셉		10만원	
14	10	대명교회	박두만	동노회	10만원	
15	11	덕수교회(신한)	손인웅		10만원	
16	12	동부광성	김호권	통합	10만원	
17	13	동부제일	임은빈	통합	10만원	
18	14	동숭교회	서정오	통합	10만원	
19	15	동신	김권수	통합	12만원	
20	16	동안	김형준	통합	30만원	
21	17	동일교회	김휘현		10만원	
22	18			통합	10만원	
23	19	망우교회	김성국		10만원	
24	20	명선	배성태	통합	10만원	
25	21	목민	김동엽	통합	10만원	
26	22	목천교회	김상원		5만원	
27	23	무학	김창근	통합	10만원	

이단감별사! 그것이 알고 싶다

29	25	분당아름다운	권오성	통합	60만원	60
30	26	빛과소금	최삼경	통합	100만원	100
31	27	상도교회	최승일		10만원	20
32	28	상현교회	최기학		10만원	
33	29	새로남교회	오정호	합동	10만원	10
34	30	생명샘	박승호	통합	10만원	10
35	31	서울산정현교회	이정재		5만원	5
36	32	선민 (현 예드림)	김봉열	합동	10만원	20
37	33	선창교회	김혁	통합	10만원	
38	34	성덕교회	민경운	서울동노회	10만원	10
39	35	세상의빛교회	전세광	통합	10만원	20
40	36	수동교회	정기수	통합	10만원	10
41	37	수원영은교회	권영삼		10만원	10
42	38	순천온성교회	김상석	통합	10만원	10
43	39	승리교회	진희근	통합	20만원	10
44	40	시온성교회	최윤철	통합	10만원	20
45	41	신성교회	이희수		10만원	10
46	42	신일교회	최임곤	통합	10만원	
47	43	신장위교회	박의일	통합	10만원	10
48	44	부산양정교회	서수관	통합	5만원	5
49	45	여수산돌	신민철	통합	10만원	
50	46	열린교회	김남준	합동	50만원	
51	47	영동교회	최동환	통합	10만원	20
52	48	예수소망	곽요셉	통합	30만원	30
53	49	예수영광교회	김기종	통합	15만원	15
54	50	예향교회	백성훈	통합	10만원	10

59	55	은파교회	고만호	통합	10만원
60	56	인천성산	고광종	합동	10만원
61	57	인천신광교회	이남국	통합	10만원
62	58	일산신광교회	최영업	통합	10만원
63	59	일산예일교회	류우열	통합	10만원
64	60	장석교회	함택	통합	
65	61	장안교회	장융휘	통합	10만원
66	62	장유대성	한재엽	통합	20만원
67	63	종교	최이우	감리	10만원
68	64	주사랑교회	최정도	통합	30만원
69	65	주안장로교회	주승중	통합	20만원
70	66	주하늘교회	이정원	통합	10만원
71	67	지구촌	진재혁	침례	50만원
72	68	창동교회	곽성준	통합	10만원
73	69	창동영광	황성은	통합	20만원
74	70	천성	김우철	통합	10만원
75	71	천안중앙교회	신문수	통합	10만원
76	72	청북교회	박재필		
77	73	청파동교회	김현준	개인	10만원
78	74	충만한교회	임인섭	합동	10만원
79	75	태평교회	윤상언	통합	10만원
80	76	평내새암교회	김병식		10만원
81	77	포도나무교회	여주봉	기침	70만원
82	78	한마음침례교회	김성로		20만원
83	79	한소망교회	류영모	통합	50만원
84	80	행복한교회	임훈식		
85	81	현암교회	이석범		5만원

이단감별사! 그것이 알고 싶다

13. 광성교회로부터 3억 이상을 받은 적이 있나요?

예, 다음은 1999년부터 2003년까지 교회와 신앙 측이 광성교회로
부터 받은 후원 내역입니다.

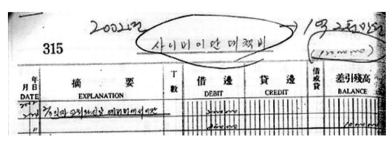

14. 최삼경은 전광훈 목사에게도 5억을 요구한 사실이 있나요?

예, 있습니다. 서울북부지방검찰청은 최삼경이 전광훈 목사에게 5억을 요구했다는 것을 기정사실화 하면서 전광훈 목사의 발언으로 인해 최삼경이 피해를 보는 것보다 후원금을 요구한 최삼경의 언동을 기독교계가 소상히 밝히기 위해 공개토론을 하는 것이 훨씬 공익성이 강하다고 판단했습니다. 결국 교리 감별사라기 보다는 금품 감별사로 인정을 한 것입니다.

검찰은 최삼경이 처음부터 고소를 하면서 명성교회로부터 5,000만 원을 받은 사실을 숨겼기 때문에 최삼경의 주장을 그대로 믿기 어렵고 오히려 5억을 요구했다고 말한 전광훈 목사의 말이 사실이라고 판단했습니다.

> - 고소인이 이 사건 고소를 하면서 위와 같이 김** 목사로부터 5,000만 원을 받은 사실을 숨긴 점, 김** 목사로부터 받은 금액이 5,000만 원이라는 고소인의 주장은 이를 뒷받침할 만한 증거가 없고 실제 받은 금액이 5,000만 원인지 여부도 의문인 점 등에 비추어 고소인의 주장은 그대로 믿기 어렵다.

이단감별사! 그것이 알고 싶다

15. 이재록한테도 돈을 받은 사실이 있나요?

최삼경은 당시 돈을 직접 받았던 남광현 장로는 충분히 회개했다고 했습니다. 1600만 원을 받고 교회와 신앙의 책을 매각하였습니다.

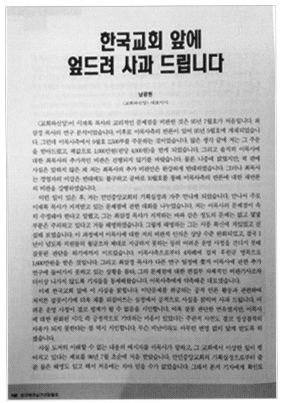

▲월간 <교회와신앙> 99년 1월호에 실린 사과문

그러나 법원은 최삼경이 모를 리 없었고 도의적인 책임이 있다고 하여 사실상 금품수수에 책임이 있음을 인정하였습니다.

▲ 214노922 서울 동부지방법원(항소심)

16. 교회와 신앙의 남광현은 이인강에게 돈을 요구한 적이 있고 최삼경은 협박한 사실이 있나요?

예, 다음의 녹취록을 보면 돈을 요구하고 협박한 사실이 있음을 알 수 있습니다.

"돈 주신 분도 돈 준 것에 대한 처벌을 받아야죠."

"일단은 공격할 빌미를 우리 이인강 목사 측에서 주셨는데 잘 생각해서 하셨을 것으로 보고…"

피소

17. 최근에 최삼경은 형사 고소당한 적이 있나요?

예, 허위 사실에 의한 명예훼손과 통신비밀보호법을 위반하여 김의식 예장통합 총회장으로부터 강서경찰서에 고소당했습니다.

2023년 7월 8일, 파주 소재 <숲속의궁전> 무인텔에서 김의식 목사에게 무슨 일이 있었는가?(13)

이주엽 장로 일행 5인은 왜 김의식 목사를 호텔까지 미행하고, 이 장로는 자기 차로 호텔에서 나오는 김의식 목사 차를 가로막고 김 목사와 상대 여자(?)를 핸드폰으로 찍고 실랑이를 벌였는가?

2024년 06월 07일 (금) 10:54:36 최삼경 목사 sam5666@amennews.com

최삼경 목사 / <빛과소금교회> 원로목사, 본지 편집인

▲ 최삼경 목사

서론: 김의식 목사의 파주 소재 <숲속의궁전> 사건에 대한 다양한 반응들

필자는 40여 년 동안 누구의 불륜 문제를 조사한 일이 없다. 그 첫 번째 대상이 김의식 목사란 점을 독자들은 알기 바란다.

필자의 글을 보고 하는 질문들은 대략 이렇다. "김의식 목사의 불륜이 과연 사실일까?" "사실이라도 최삼경 목사가 그에 대한 충분한 증거를 가지고 있을까?" "간통죄가 없는데 법적으로 최삼경 목사가 이길 수 있을까?" "동영상에는 여자가 없지 않느냐?" "남자와 여자가 한 방에서 밤을 보내도 섹스한 증거가 없다고 무혐의가 나온 경우가 많다"라는 주장이다.

그는 불륜제보를 받았다고 하여 불륜을 단정적으로 표현한다.

불법이 낳은 다른 불법 하나를 더 지적하겠다.

엄연히 법적으로 김의식 목사는 지금 <치유하는교회> 담임 목사다. 그것마저 내려놓으면 총회장직도 자동으로 내려놓아야 한다. 이 일로 인하여 이주엽 장로와 당회는 실질적으로 김의식 목사로부터 담임목사직을 박탈하였다. 그런데 총회장으로는 활동하게 하도록 놓아둔 채 방관하고 있고, 아니 돕고 있다.

그렇다면 왜 이렇게 하지는 못하였을까? 비록 불륜 제보를 받았지만 그후에 추적하지 말고 그냥 사랑으로 덮고 담임 목사직을 수행하도록 사랑을(?) 베풀지 못하는가? 불륜범 목사가 내 교회 강단에서 말씀 전하는 것을 볼 수 없다고 여겨 목사직은 빼앗았지만, 대신 총회장으로 전 세계, 전국 방방곡곡에 설교를 하고 다니는 것은 용납하는 근거는 무엇인가? 이주용 장로와 장로들은 김 목사가 교회에 나오지도 못하게 하고, 당회장 실까지 폐쇄하고 책까지 빼내도록 했다. 김 목사는 그 책들을 총회장 실로 옮겨 난장판을 만들었는데, 다른 한 임원이 '책을 빼라'고 강력하게 충고하여 망신스럽게도 책들을 다른 곳으로 옮겼다고 들었다.

18. 최삼경은 김의식 총회장의 불륜에 대한 결정적인 증거가 있나요?

없습니다. 단지 추정적인 증거만 내세울 뿐입니다. 그가 주장하는 근거는 다음과 같습니다.

> **김의식 목사의 불륜을 의심하게 하는 가장 중요한 내용은 세 가지다.**
>
> **첫째,** 그 교회 유 모 권사가 김의식 목사가 교회 승합차로 모인텔에서 나오는 모습이 담긴 동영상을 보고, '목적 외에 내가 해 준 헌금을 사용하였으니 돌려 달라'는 내용증명을 보내어, 부총회장이 될 때 해준 헌금 3천만 원을 돌려받은 사건이다. **둘째,** 2023년 7월 8일 파주의 모 모인텔 앞에서 김의식 목사가 나올 때를 기다렸다가, 김 목사가 탄 교회 승합차(카니발)를 가로막고 실랑이를 벌이는 동영상이다. **셋째,** 이 사건을 밝히는 다른 핵심 내용 하나가 더 있다. 차례로 분석하여 다섯 분들 중에 그것을 가지고도 김 목사의 불륜을 막아주려는 분들에게 질문하려 한다. 본 글에서는 본론, 즉 위의 세 가지 문제를 분석 비판하기 전에 서론적으로 몇 가지 문제를 먼저 다루려 한다. 본론은 다음 10번째 글에서부터 시작하도록 하겠다.

그는 정황 증거만 갖고 마치 불륜이라도 있는 것처럼 몰아갔습니다.

19. 통신비밀보호법으로 피소된 사실을 알고 있나요?

예, 최삼경은 남의 녹취록을 당사자들의 허락 없이 무단으로 공개하여 김의식 목사로부터 통신비밀보호법으로 피소되었습니다.

20. 최삼경은 불법 녹취록을 시인합니까?

"이 녹음은 이주용 장로가 7월 9일 주일 오후에 <치유하는교회> 담임목사실로 직접 찾아가 대화하면서 했던 녹음이며 그것을 이주용 장로는 다른 사람과 공유한 것인데, 필자의 손에 들어왔다."

21. 최삼경은 처벌 가능성이 있습니까?

예, 최삼경은 불륜에 대한 결정적인 증거를 제출하지 못하는 한, 명예훼손으로 처벌 가능성이 크고, 통신비밀보호법도 처벌 가능성이 높습니다. 통신비밀보호법에 의하면 남의 대화의 내용을 공개하거나 누설한 자는 1년 이상의 징역입니다.

제16조(벌칙) ①다음 각호의 어느 하나에 해당하는 자는 1년 이상 10년 이하의 징역과 5년 이하의 자격정지에 처한다. <개정 2014. 1. 14., 2018. 3. 20.>

1. 제3조의 규정에 위반하여 우편물의 검열 또는 전기통신의 감청을 하거나 공개되지 아니한 타인 간의 대화를 녹음 또는 청취한 자

2. 제1호에 따라 알게 된 통신 또는 대화의 내용을 공개하거나 누설한 자

정체성

22. 최삼경은 남의 장점을 먹고 사는 사람입니까? 단점을 먹고 사는

이단감별사! 그것이 알고 싶다

사람입니까?

그는 남의 단점을 먹고 사는 사람입니다. 그의 글을 보면 남에 대한 장점은 거의 없습니다. 비난으로 일색입니다. 자신의 교리와 다르면 이단이고, 자신의 윤리와 다르면 죄인입니다.

23. 최삼경의 족보를 알고 있나요?

최삼경의 아버지(최인혁)는 단기 4278년 첫 번째 정해녀 씨와 결혼하여 각경이라는 아들을 얻고, 그해 아내가 사망하여, 최 씨는 4년 후인 단기 4282년 5. 23. 두 번째 이숙자와 혼인하여 7명의 자녀를 생산하고, 이숙자는 1975. 9. 8. 사망하게 됩니다. 두 번째 처로부터는 두경, 삼경, 경란, 덕경 등을 포함하여 7명의 자녀를 생산합니다. 최삼경은 두 번째 부인의 소생입니다.

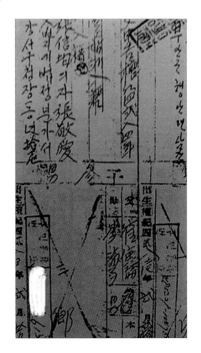

세 번째 최 씨는 신남례와 1975년 결혼을 하였으나 1978년 이혼을 하게 됩니다. 세 번째 아내로부터는 자녀가 없었습니다. 자녀 생산이 없기 때문에 이혼했을 가능성도 무시하지 못합니다. 당시의 사람들은 자녀 생산에 많은 관심을 기울였기 때문입니다. 최 씨는 자녀 생산에 대한 애착을 갖고, 1978년 네 번째 처(김순례)와 결혼을 하여 1968년 생인 재숙을 생산하게 됩니다.

이처럼 최삼경의 아버지는 네 번씩 결혼을 한 사람입니다. 최삼경은 최인혁의 두 번째 부인의 소생입니다. 박헌영과 유사한 처지입니다. 박헌영은 첩의 소생으로 평생 공산주의를 위해 살다가 결국 김일성한테 총살을 당했습니다. 최삼경도 자랑할 만한 족보가 없는 사람으로 무조건 교리적 비판과 윤리적 정죄만 하여 교계 활동을 해서는 안 될 사람이었습니다. 자신 혼자 바리새인처럼 거룩한 교리적으로 정통한 기독교인이었습니다.

이대위 활동

24. 최삼경은 예장통합 이대위에서 몇 년 동안 활동하였나요?

최삼경은 1985년 합동교단으로부터 이명이 되어 예장통합 교단에서 73회기(1988년)에서 82회기(1997년), 93(2008)회기에서 96(2011년)회기까지 약 13년간 활동하여 당시 대형교회 목사들은 대부분이 최삼경에 의하여 이단으로 정죄되는 사례들이 많았습니다. 자신이 이대위에 빠진 기간(83회~92회기)은 측근들을 통하여 사실상 이대위를 장악하였습니다.

반기독교서적에 대한 변증서 발간위원회 보고서

제 73회 총회 이후 1년 동안 활동한 사항을 아래와 같이 보고합니다.

보고인 : 위원장 박종순

I. 조 직

위원장 : 박종순   서 기 : 최삼경   위 원 : 한철하

73회기

7. 사이비신앙운동 및 기독교이단 대책위원회 보고서

제 74회 총회 이후 1년 동안의 사이비신앙운동 및 기독교이단 대책위원회 경과를 다음과 같이 보고합니다.

보고인 : 위원장 박종순

I. 조 직

위 원 장 : 박종순   서 기 : 정행업
위   원 : 김광식 진희성 <u>최삼경</u> 이상운 김지철
연구위원 : 김중은 이수영 문상희 황승룡

6. 사이비신앙운동 및 기독교이란 대책위원회 보고서

제 75회 총회 이후 1년 동안의 총회사이비신앙운동 및 기독교이단대책위원회 경과를 다음과 같이 보고합니다.

보고인 : 위원장 정행업

I. 조 직

위 원 장 : 정행업   서 기 : 이상운
위   원 : 박종순 김광식 진희성 <u>최삼경</u> 김지철
전문위원 : 김중은 이수영 오성춘 이형기 이장순 박수암 황승룡 이용원
　　　　　문상희 손영호 이정환 김한상 조성기 최대준 변태호
분과위원회(위원장은 위원 중 선임자)
　반기독교서적 연구분과 : 오성춘 김광식 변태호
　조용기씨 소속교단(순복음교회)과의 연합활동 연구분과 : <u>최삼경</u> 문상희 조성기
　박윤식씨(대성교회) 연구분과 : 황승룡 최대준 이정환
　박명호씨(엘리야복음선교원) 연구분과 : 손영호 김한상 김지철
　이장림씨(다미선교회) 연구분과 : 박수암 오성춘 <u>최삼경</u>
　지방교회(회복교회) 연구분과 : 이수영 진희성 이용원
　이초석씨(한국예루살렘교회) 연구분과 : 조성기 박종순 이광순 이형기

75회기

16. 이단·사이비대책위원회 보고서

<u>제93회 총회</u> 이후 1년 동안의 이단·사이비대책위원회의 사업경과를 다음과 같이 보고합니다.

보고인 : 위원장 최영환

I. 조 직

위원장 : 최영환   서 기 : 유영돈   회 계 : 원태희
위 원 : 한철완 김병복 류종상 박병식 변정식 김재영 김광재 윤동석
        유한귀 이락원 김한식 최재국
전문위원 : 허호익 탁지일 <u>최삼경</u>

93회기

17. 이단·사이비대책위원회 보고서

<u>제94회 총회</u> 이후 1년 동안의 이단·사이비대책위원회의 사업경과를 다음과 같이 보고합니다.

보고인 : 위원장 유영돈

I. 조 직

위원장 : 유영돈   <u>서 기 : 최삼경</u>   회 계 : 이정수
위 원 : 최영환 변정식 김재영 윤동석 유한귀 이락원 김한식 림형석
        조석환 정 욱 최선모 심영식
전문위원 : 허호익 탁지일 김명용

94회기

17. 이단·사이비대책위원회 보고서

<u>제95회 총회</u> 이후 1년 동안의 이단·사이비대책위원회의 사업경과를 다음과 같이 보고합니다.

보고인 : 위원장 유한귀

I. 조 직

위원장 : 유한귀   서 기 : 정 욱   회 계 : 최선모
위 원 : 윤동석 이락원 김한식 <u>최삼경</u> 림형석 조석환 조현용 박상수
        박도현 심영식 이정수 <u>손남홍</u>
전문위원 : 허호익 탁지일 최태영

95회기

이단감별사! 그것이 알고 싶다

25. 최삼경의 이단 정죄 방식은 어떤가요?

김기동을 이단으로 정죄하고 그와 유사한 축귀 사역을 하는 사람들을 모두 귀신론, 마귀론으로 몰아 이단 혹은 사이비로 정죄합니다. 박윤식 목사의 경우에는 허위 사실에 입각을 해서 이단 조작을 합니다. 교회사에 나타난 이단 기준이 아닙니다. 억지로 이단으로 만들려고 한 것입니다. 이단이 아니라고 하는 언론은 모두 이단 옹호 언론으로 몰았습니다.

귀신론으로 정죄

26. 최삼경으로부터 귀신론으로 고통을 받은 대표적인 사람들은 누구인가요?

김기동, 조용기, 이명범, 이초석, 윤석전, 류광수, 최바울 등입니다.

김기동

"김 씨는 마귀를 모르면 예수를 모른다고 하였고(마귀론 상, p. 14~15) 하나님께서 이 불법자 마귀를 합법자로 만들어 주었다고 함으로 (마귀론 중, p. 23) 하나님 자신이 불법을 합법화시킨 불법자가 되어 버린 격이다.

김 씨는 그의 신론, 기독론, 계시론, 창조론, 인간론, 그리고 사단론 등 모든 곳에 비성경적 요소를 광범위하게 드러내는 무서운 이단이다."(77회 총회록)

76회 총회록을 보면 이단 정죄 기준에 마귀론은 없었습니다. 교단이 최삼경에 의해 농락당한 것입니다.

제75회 총회 회의록

1991년 5월 14일
대한예수교장로회총회 총회장 남정규
사이비이단대책위원회 위원장 정행업

(별지 2)   연구보고서

총회장 귀하
 본 사이비신앙운동 및 기독교이단대책위원회가 제74회, 제75회 총회 수임안건 및 제75회기 중 노회, 기관의 질의건 처리를 위하여 연구한 결과를 다음과 같이 보고드립니다.
                                          보고인: 위원장 정행업

1. 연구의 목적과 대상, 결과
   가. 연구의 목적: 총회로부터 수임받거나 산하 노회로부터 질의받은 이단성 여부에 대한 문제에 응답하며, 본 총회 산하 교회와 교인들을 그릇된 교리와 가르침으로부터 보호하기 위함이다.
   나. 연구의 기간: 제75회기 중
   다. 연구의 주체: 본 위원회 위원과 전문위원
   라. 연구의 방법: 본 위원회 위원과 전문위원이 각 연구 연구주제별로 분과위원회로 나누어 연구한 뒤 전체회의로 모여 보고문을 심의, 채택하였다.
   마. 연구의 기준: 본 교단 교리의 표준인 신구약성경, 세계 보편교회의 신조인 니케아신조(A.D 325)의 3위1체 하나님, 콘스탄티노플신조(A.D 381)의 성령론, 칼케돈신조(A.D 451)의 기독론 및 세계 개혁교회의 신앙고백 전통과 대한예수교장로회 총회의 신앙고백서(1986)를 연구의 기준으로 삼았다.

76회 총회록

최삼경이 작성한 내용은 교회사에도 없는 이단 기준입니다. 이단으로 정죄한 내용을 보면 모두 마귀론과 연결되어 가관입니다.

4. 김씨에게 성령은 허수아비와 같다.

김씨에게 있어서 구약에 나오는 "하나님의 신, 하나님이 보내신 영들은 천사들을 말하는 것이지 성령이 아닙니다"([마귀론 상], p.112)라고 하여 창세기 1;2의 '하나님의 신'도 천사이며, 성령이 오시지 않아도 예수를 인정하면 구원을 받을 수 있다고 하며([성령을 알자], p.97), 오순절 성령이 임하신 사실도 '성령이 임하면 권능을 받고'라는 말은 '천사를 얻고'라는 말과 동격이라고 하여(같은책, p.111), 모든 부분에서 천사일 뿐이지 성령은 허수아비와 같다.

5. 김씨는 성경은 문틈으로 들어 온 빛에 불과하며

김씨의 설교도 성서적 가치를 가진다고 한다. 김씨는 한편으로는 성경을 강조하지만 귀신론 앞에서 성경의 가치는 격하되어 성경은 문틈으로 들어오는 빛에 불과하며 현재 성경으로는 예수 그리스도를 다 알지 못한다고 하였다(김기동, [영원한 관계], pp.68~69). 또한 오늘의 성경에는 성경과 성서가 있는데 성경은 계시이기 때문에 가감할 수 없지만 성서는 계시인 성경을 증거해 주는 것으로 가감할 수 있다고 하는데, 성경은 모세오경과 공관복음으로 8권이요, 나머지 58권은 성서라고 하였다(베뢰아 9기생 강의녹음테이프 24-1). 그러면서 한 단계 나아가 자기 설교나 간증문도 성경을 증거해 주는 것이니까 성서적 가치를 가진다고 하였다(같은 테이프).

6. 김씨는 이 세상을 마귀를 멸망시키기 위한 감옥으로서 하나님께서 불완전하게 창조하셨다고 한다.

김씨에 의하면 세개의 하늘이 있는데 지구의 하늘(sky), 궁창의 하늘(space), 그리고 하나님의 하늘(heaven)로서 지구의 하늘과 궁창을 합하여 우주라고 하고 이 우주 속에다 마귀를 가두어 두었는데 이 우주와 하나님의 하늘 사이에 물벽을 쌓아(그것이 창세기 1;2의 '수면'이라고 한다) 우주에 갇힌 마귀가 하나님의 하늘에 들어오지 못하게 하였다는 것이다(마귀론 상, pp.61~62, 테이프 등). 그렇기 때문에 둘째날 궁창 창조에만 하나님 보시기에 좋았더란 말이 없다([마귀론 상], p.66)고 하여 하나님 창조의 불완전성을 주장했다.

이초석

"이초석 씨는 신비적 열광주의에 기초하면서 계시의 객관성을 무시한 극단적 주관주의를 바탕으로 현세적이며 물질적인 축복과 귀신 축출을 강조하여 기존 교회 교인들을 미혹시켜 건전한 신앙 형성을 저해하고 정통교회 및 그 목회자들을 불신케 하여 교회의 혼란을 초래하는 이단이므로 이초석

씨의 모든 집회에 본 교단 소속 목회자 및 모든 교인들의 참석을 금해야 할 것으로 사료된다."(76회 총회록)

조용기

"조 씨는 마귀와 귀신을 질병의 배후로 보고(순복음의 진리 p. 427, 삼박 자 구원」p. 250, 삼박자 구원」p. 249, 김기동 마귀론 p. 170~174) <u>이 마귀와 귀신을 쫓아내야 질병을 치료할 수 있다고 주장하는데</u>(순복음의 진리 p. 454, 삼박자 구원, p. 249, 최삼경 베뢰아 귀신론을 비판한다. p. 33)

<u>이는 본 교단에서 이단으로 규정한 김기동 씨(제77회)의 주장과 유사한 사상으로,</u> 아담의 타락 이후 예수님께서 십자가에 죽으심으로 마귀에게 맡겨 준 권리증서를 되찾기까지 모든 권리가 마귀에게 있었다고 하면서, 이 마귀의 권리가 하나님 앞에서 합법적인 것이라고(순복음의 진리 p. 297) 주장하는 점은 김기동 씨의 사상과 똑같은 것이다.(김기동 마귀론 中 p. 23)."(78회 총회록)

이명범

최삼경은 이명범을 <u>"이단자 김기동 씨가 운영하고 있는 베뢰아 아카데미 1기생으로서 1980년 5월 10일 39명과 함께 졸업 했으며, 그녀의 가르침의 많은 내용이 베뢰아의 사상을 그대로 답습하고 있는데도 그녀는 이를 부정하거나… "</u>(77회 총회록) 라고 하며 삼위일체론도 김기동의 양태론적 삼위일체라고 하여 이단이라고 규정했습니다.

인터콥

95회기 이대위는 교단 헌법의 교리를 적용하지 않고 임의적으로 최바울의 선교 방법론을 문제삼아 이단 단체로 만들고자 했습니다. 베뢰아의 연관성, 세대주의적 종말론의 긴박함, 백투 예루살렘, 땅 밟기, 현지 선교사들과의 불협화음, 단기선교 훈련의 문제점, 사과의 진정성 의심으로 이단 만들기를 시도했습니다. 최삼경이 있기 때문입니다. 95회기 총회 보고서를 보겠습니다.

연구 보고에 의하면 최바울의 이단성 논란이라고 하여 사실상 예의주시성 이단성이 있다고 판단합니다.

"최바울 씨의 인터콥의 주장과 운동에는 교리적으로 타당하지 않거나 위험한 요소가 있다. 하나님의 사정과 관련된 성경해석은 보편성을 결여하고 있으며, '백투 예루살렘' 운동에 대해서도 재림에 관한 성경 말씀에 모순되는 점이 있다. 최바울 씨와 인터콥의 가장 큰 문제는 교회와의 관계 및 현지 선교사들과의 관계라고 볼 수 있다. 최바울 씨는 이미 교계의 비판을 수용하고 문제점들을 수정하고자 약속한 바가 있으므로, 교회는 인터콥이 약속을 잘 이행하는지 예의 주시하고 참여를 자제해야 한다."(95회 총회 보고서)

4. 베뢰아와의 연관성, 신사도운동, 사과문의 진정성 문제

"최바울 씨의 사상이 이미 1990년대에 이단으로 규정된 베뢰아 아카데미 (김기동)의 사상과 일치한다는 비판에 대해서는, 앞에서 지적한 '하나님의 사정'이 김기동 씨의 '하나님의 의도'와 유사할뿐더러, 최바울 씨가 베뢰아를 비판하며 떠났다고 주장하나, 본인이 청년 시절에 김기동 씨의 성락교회 대학부에 1년 7개월간 출석하고 배웠다고 고백함으로써 둘 사이의 유관성을 인정할 수 있다. 한편 최 씨 본인의 해명과 인터넷 홈페이지에 있는 글들을 통해서 신사도운동과의 차별성은 인정된다."

제95회기 총회 보고서

적 열망을 고취시키는 것임에도 불구하고 재림의 시기에 대한 예수님의 가르침에 어긋나는 점이 있다.

4. 베뢰아와의 연관성, 신사도운동, 사과문의 진정성 문제

최바울씨의 사상이 이미 1990년대에 이단으로 규정된 베뢰아 아카데미(김기동)의 사상과 일치한다는 비판에 대해서는, 앞에서 지적한 '하나님의 사정'이 김기동씨의 '하나님의 의도'와 유사할 뿐더러, 최바울씨가 베뢰아를 비판하며 떠났다고 주장하나, 본인이 청년시절에 김기동씨의 성락교회 대학부에 1년 7개월간 출석하고 배웠다고 고백함으로써 둘 사이의 유관성을 인정할 수 있다. 한편 최씨 본인의 해명과 인터넷 홈페이지에 있는 글들을 통해서 신사도운동과의 차별성은 인정된다.

96회 총회록

류광수

80회 사이비이단대책위원회는 류광수에 대해서 "류광수 씨의 다락방 전도운동은 비록 전도운동이라 주장하지만 그 가르침 가운데 마귀론에

서 오류를 범하고 있는 것으로 밝혀졌고 성도들을 혼란하게 하는 등 사이비성이 있으므로 제81회 총회 이후로는 본교단 소속 목회자들과 교인들이 이 운동에 참여하거나 이 운동을 그대로 답습하는 일이 없어야 될 것이며 본 교단에서 운영하고 있는 총회전도학교를 적극 활용토록 함이 좋을 것으로 사료된다"(81회 총회록)고 했습니다.

> 나. 류광수씨의 〈다락방 전도운동〉: 류광수씨의 다락방 전도운동은 비록 전도운동
>
> - 933 -
>
> 제81회 총회 회의록
>
> 이라 주장하지만 그 가르침 가운데 마귀론에서 오류를 범하고 있는 것으로 밝혀졌고, 교회를 어지럽히고 성도들을 혼란하게 하는 등 사이비성이 있으므로 제 81회 총회 이후로는 본교단 소속 목회자들과 교인들이 이 운동에 참여하거나 이 운동을 그대로 답습하는 일이 없어야 될 것이며, 본교단에서 운영하고 있는 총회전도학교를 적극 활용토록 함이 좋을 것으로 사료된다.
>
> 2. 현재 이단(안식교) 동조 혐의자에 대하여 총회재판국에 기소하기로 했습니다.

요약하면 최삼경은 축귀 사역을 하거나 영적인 사역을 하는 사람들을 대부분 이단으로 몰았습니다. 귀신은 귀신이 쫓겨 나가는 것을 거부하기 때문에 귀신 쫓는 영의 사역을 하는 사람들을 교리적으로 이단으로 몰고 있습니다. 그러나 교회사에서 이단 정죄 기준으로 귀

신론이나 마귀론은 없습니다. 단지 최삼경의 기준에 불과합니다.

박윤식의 이단 정죄

27. 통일교와 전도관 등 유사 통일교로 이단 정죄된 사람은 누구입니까?

박윤식 목사는 허위사실에 입각하여 교리적인 체계 없이 통일교 컨셉으로 몰려 이단으로 정죄당하였습니다. 교회사에 나타난 이단 기준이 아니라 최삼경의 자의적인 기준이고 이단 조작에 의한 것입니다. 정통적 타락관, 정통교회 부정, 신격화, 직통계시, 창조론은 이단 기준이 아닙니다.

Ⅲ. 대성교회 박윤식씨에 대한 연구보고

1. 예수께서 이 땅에서 죽으신 것은 하나님의 영이 아니기 때문이라고 함으로 기독론적 오류를 범하고 있다. (테이프 "영·혼·육" 1981. 8. 6)
2. <u>타락론의 측면에서 볼 때, 하와가 뱀과 성관계를 맺어 가인을 낳았다고 함으로 통일교와 같은 성적 모티브를 가졌으며, 특히 타락 후에 인간에게 월경이 생겼다고 하며 이 월경하는 여인의 입장에서 탈출하는 것이 구원이라고 함으로 정통적 타락관과 배치된다.</u> (테이프 "월경하는 여인의 입장을 탈출하자", "씨앗 속임", 목회와 신학 1991년 2월호)
3. 박윤식씨는 진리는 사망이요, 말씀은 생명이란 틀을 가지고 있는데, 정통교회마저(타종교도) 진리 차원으로서 이를 벗어나 말씀 차원에 이르지 못하면 결국 사망이라 함으로써 <u>정통교회를 부정하는 경향이 있다.</u> (대성지(1982년), 말씀승리가(1971년), 내 주께 찬양(1981년), 기타 테이프)
4. 박윤식씨는 자신이 지리산에서 3년 6개월 동안 기도하다가 비밀말씀을 받았다고 하여 자신을 말씀의 아버지라고 하고 있으며, 이것을 시나 찬송가로 노래하고 있는 것은 <u>박씨를 신격화하는 것으로 볼 수밖에 없다.</u> (테이프, 말씀승리가, 내 주께 찬양)

5. 박윤식씨는 주로 자신의 설교는 지리산에서 받은 계시임을 말하고 그 비밀은 주석에도 없다는 등의 표현을 하는 것은 성경계시 외에, 직통계시를 말하는 것으로 성경계시를 왜곡시키거나 부정함으로 정통적 계시관과 위배된다. (수많은 테이프)
6. 박윤식씨의 창조론을 보면 에덴동산은 인간의 마음을 가리킨다고 하며 또한 아담은 미생물로부터 발아된 생명의 맨 윗가지에 핀 꽃으로서, 창조적 진화한 상향의 끝이 아담

— 635 —

제76회 총회 회의록

의 생령이고, 생령이 하향한 밑바닥의 근저는 물질이라 함으로 진화론적 창조론을 가지고 있다. (테이프 "왜 아담은 흙으로 창조했나?", 기타 테이프)
7. 박윤식씨가 지리산에서 3년 6개월 7일 동안 받았다는 위와 같은 계시들은 통일교 출신인 변찬린씨가 썼던 「성경의 원리」로부터 대부분 인용 표절된 것이다. (변찬린씨가 1983년 1월 18일 보낸 편지와 기타 다수의 테이프 리스트)
8. 연구결론 : 이상에서 본 바와 같이 박윤식 씨(대성교회)는 기독론·타락관·계시관·창조론 등 각 측면에서 볼 때 이단성이 명백히 밝혀졌다.

최삼경, 탁명환은 박윤식 목사가 후원을 해주지 않는다고 판단, 통일교 컨셉으로 이단을 조작하는 데 앞장섰습니다.

28. 박윤식 목사가 이단 조작과 잘못된 기준에 의하여 이단이 되어 실제적인 이단이 아니라고 하는 언론이 있다면 최삼경은 어떤 조치를 취하나요?

이단 옹호 언론으로 몰았습니다. 대표적인 언론이 로앤처치입니다. 총회신학교 각종학교 출신이 정상적으로 장로회신학대학원을 나온 사람을 한번 소명의 기회도 주지 않고 일방적으로 이단 옹호 언론으로 본 것입니다.

박윤식 목사가 이단이 아니라고 하자 로앤처치를 이단 옹호 언론으로 몰았습니다. 당시 최삼경은 94회 이대위 서기였습니다.

사무장 병원

29. 최삼경은 사무장 병원을 운영한 사실이 있습니까?

예, 최삼경은 2008년 '예빛병원'을 설립하여 사무장 병원을 운영한 적이 있습니다. 의사 면허증은 송00 목사가 협력하고, 물질은 최삼경 목사와 교회가 협력을 했습니다. 즉 병원장의 사례를 최삼경과 교회가 지불하였던 것으로 사무장 병원이었습니다.

교회와신앙 amennews.com

• 인기검색어 : 안상홍 , 신천지

[검색] [자세히]

로그인 · 회원가입 | 이단&이슈 | 교계·선교 | 목회·신학 | 오피니언 | 교육·세미나

◀ 편집 : 2020.2.17 월 15:23

□홈 > 뉴스 > 교계·선교   뒤로가기 ▶

[기사 보내기] ▶ 트위터 ● 미투데이 ⌇ 네이버 Ⓖ 구글 f 페이스북 😊 다그 📑 딜리셔스 ⏏ 라이브 ⏏ 요즘

📧 메일보내기 ⚠ 오류신고 🖨 프린트 ⊕가 ⊖가

빛과소금교회 '예빛병원' 설립

의술로 지역사회 섬김 실천, 일반 진료 비롯 노인 재활 등 준 종합병원 규모

2008년 01월 25일 (금) 00:00:00   신동하 기자 ✉ sdh@pckworld.com

신동하 기자 / 한국기독공보

▲ 지난 16일 개원해 본격적인 진료를 시작한 예빛병원 전경. 이 병원은 퇴계원 지역에서 가장 큰 규모로, 7개 진료과목을 통해 지역 주민들을 치료할 예정이다.

교회가 지역사회 복지사역의 일환으로 병원을 개원해 관심을 모으고 있다.

서울동노회 빛과소금교회(최삼경목사 시무)가 설립한 예빛병원이 지난 16일 개원을 하고 본격적인 환자 진료를 시작했다. 예빛병원은 신앙의 힘이 더해진 의술로 지역사회를 섬기자는 의미에서 빛과소금교회 교인들이 기도와 물질로 정성을 모아 개원하게 됐다.

교회가 단독으로 병원을 설립한 예는 드물어 교계의 주목을 받는 가운데, 교회 복지사역의 새로운 지평을 열 것으로 보인다. 병원은 교회와 연결돼 있어, 의료선교가 용이하다는 데 더욱 의미가 크다.

30, 최삼경은 예장통합 교단에서 몇 명이나 이단으로 만들기 위해 이단 사이비 연구를 하였나요?

최삼경은 다음과 같이 말합니다.

"그동안 교단(예장통합) 안에서 6년 동안이나 20여 종의 이단 사이비를 연구하는데 핵심적인 일을 하였고 6년 동안이나 총회에서 어떤 사례비도 받지 않고, 상담소장직을 수행하였고, 한기총 이단사이비문제 상담연구소장을 맡고 있다"(교회와 신앙 1998년 5월호. p. 131)

최삼경은 예장통합 서울 동노회에 있으면서 20여 명 정도의 사람을 이단으로 연구하고 이단성을 점검해달라고 헌의한 적이 있습니다. 예장통합 교단은 100년 동안 약 45명의 이단을 정죄하였는데 절반 정도 이상이 최삼경의 영향을 받은 것입니다. 최근까지 최삼경의 활동을 볼 때 30여 명 이상 이단으로 징계하는 데 결정적인 영향력을 행사하였습니다. 이단 정죄의 저승사자입니다.

삼신론

31. 최삼경은 삼신론에 대해서 어떻게 생각합니까?

"필자의 신관이 Danial Towle과 조동욱 씨의 말처럼 삼신론이라면 장로교신학으로 보아도 필자는 이단이다"(교회와 신앙 1997년 8월호. p. 154)라고 하여 삼신론을 이단이라고 보고 있습니다.

32. 최삼경은 삼위일체의 하나님에 대해서 어떻게 생각하고 있습니까?

<u>"인격으로 하면 성부, 성자, 성령 하나님은 한 영이 아니라 세 영들이시다"</u>(교회와 신앙 2001년 11월호. p. 138)

"윗트니스 리는 '하나님의 세 인격은 세 영들이 아닌 하나의 영'이다"라고 했다. <u>'삼위일체의 하나님은 각각 세 인격으로는 세 영들이지만 본질에 있어서 영적인데 하나이다.'</u>라고 했다면 맞는 말이다"(교회와 신앙 1997년 8월호. p. 159)

이와 같이 최 씨는 삼위일체를 '세 영들의 하나님'이라고 보고 있습니다.

33. 삼신론에 대한 다른 표현도 있나요?

"구약이나 신약이나 아버지 하나님도 한 영이요, 성령님도 한 영이요, 성령님도 한 영인데 <u>어떻게 이 둘이 하나라고 하는가?</u>"(교회와 신앙 1996년 12월호. p. 136)

"성부도 한 인격으로써 한 영이요, 성자도 한 인격으로써 한 영이요, 성령도 한 인격으로써 한 영이다. 그래서 아버지 하나님도 한 인격으로써 한 영이

이단감별사! 그것이 알고 싶다

시오, 아들 하나님도 한 인격으로써 한 영이시오, 성령님도 한 인격으로서 한 영이시다. 그러므로 <u>하나님은 세 영들의 하나님이시다</u>"(위의 책)

34. 윗트니스 리가 양태론자가 아니라 최삼경이 삼신론자 맞습니까?

예, 그렇습니다. 하나님을 하나의 영으로 말한다고 해서 양태론자가 아니라 하나님의 세 영들을 말한 최삼경이 삼신론자입니다. 하나님의 세 영을 주장하는 자가 하나님의 한 영을 주장하는 자를 양태론이라고 하여 이단으로 본 것입니다. 적반하장입니다.

35. 그렇다면 하나님의 한 영을 주장한 윗트니스 리가 이단입니까? 세 영을 주장한 최삼경이 이단입니까?

하나님이 세 영들이라는 것은 본질적으로 세 분의 하나님을 말하기 때문에 삼신이 되는 것입니다. 삼신론은 최삼경의 말대로 이단입니다. 그러기 때문에 윗트니스 리가 이단이 아니라 최삼경이 이단이 되는 것입니다.

36. 최삼경은 본인은 기꺼이 삼신론자가 될 것이라고 했는데 사실인가요?

"성부, 성자, 성령 하나님의 본질의 단일성을 믿는 것이 된다면 정통교회 삼위일체론이 이단이고 윗트니스 리의 삼위일체관은 정통이 되어야 할 것이다. 이는 양태론이 아니면 절대로 할 수 없는 말이다. 다시 강조하지만 <u>이</u>

문제를 가지고 삼신론이라고 한다면 본인은 기꺼이 삼신론자가 될 것이다. 그렇다면 먼저 정통교회의 삼위일체론이 삼신론이 되어야 한다"(교회와 신앙 2001년 11월호. p.138).

"필자(최삼경)는 세 인격의 하나님도, 본질적으로 연합의 하나님도 부정하지 않지만 분명히 '세 인격의 하나님'을 주장하고 있으며 '한 인격의 하나님'을 부정하고 있다. 그러나 그것이 삼신론을 의미한다면 필자는 삼신론자가 되겠다"(교회와 신앙 1997년 11월호. p. 169.).

최삼경은 하나님을 단수로 표현하지 않고 복수로 표현하고 있습니다.

"하나님을 세 분이라고 표현한 그것도 삼신론일 것이다. '세 분'이란 표현은 문제가 없고, ' 세 영들'이라는 표현은 문제가 있다는 말은 네모난 삼각형 같은 말이 될 것이다. 하나님을 복수로 표현할 수 없는 것인가? 그렇다고 보지 않는다."(교회와 신앙 2001년 11월. p. 138)

이와 같이 최 씨는 하나님을 복수로 표현하여 '하나님'이 아니라 그에게는 '하나님들'입니다.

37. 조직신학 교수인 장신대 총장 김명용 교수는 '세 신'들에 대해서

어떻게 주장하나요?

"성부와 성자와 성령 세 분은 독립적 개체 존재의 인격체(person)이시고, 한 하나님이 나타나는 방식이나 역할이나 자리만은 아니다. 그러나 세 인격체로서의 성부, 성자, 성령 세 분을 세 신들 혹은 세 하나님들이라고 표기하면 안 된다. 성부도 하나님이시고, 성자도 하나님이시고, 성령도 하나님이시기 때문에, 하나님 안에는 세 분이 계시지만, <u>이 세 분은 한 하나님이시지 결코 세 하나님들 혹은 세 신들은 아니다.</u>"

장신대 전 총장이시며 조직신학을 전공한 김명용 교수도 최삼경의 세 분 하나님을 거부하고 있습니다.

38. 김명용 교수는 삼신론에 대해서 어떻게 생각하나요?

"삼신론에는 상호통재의 교리가 없다. 아버지가 내 안에 계시고 내가 아버지의 안에 있기 때문에 나와 아버지는 하나라는 삼위일체 교리의 핵을 형성하는 상호통재의 교리가 삼신론에는 그 흔적도 찾을 수 없다. 그러므로 <u>세 신들, 혹은 세 하나님들에 대한 교리는 삼위일체 신학이 아니다.</u>"

김명용 교수는 삼신론은 삼위일체 신학이 아니라고 단호하게 선을 긋고 있습니다.

39. 최삼경은 삼위일체 교리에 대해서 어떻게 생각합니까?

"삼위일체 교리를 말하면서 인격(위격)으로 해도 셋이라고도 하고, 또 '하나'라고 해야 한다면 삼위일체는 알 수 없는 교리란 말이 된다. 한마디로 귀신 같은 교리가 되고 말 것이다"(교회와 신앙 2001년 11월)

40. 예장통합 교단의 헌법(대한예수교장로회 신앙고백)에는 삼위일체에 대해서 어떻게 되어 있나요?

"우리는 삼위일체 하나님의 성호를 찬미하며, 그 신비하신 섭리와 은총에 감사를 드린다."

"우리는 한 하나님이신, 성부, 성자, 성령을 믿는다. 하나님 아버지께서는 그의 아들 예수 그리스도를 통하여 성령님의 조명과 능력으로 신구약성경에 의해서 자기 자신을 계시하셨다. 하나님께서는 온 인류와 우주만물을 창조하시고, 지탱하시며, 구속하여 성화시키시고, 새 하늘과 새 땅으로 인도하사 영화롭게 하시며, 영원한 사랑의 교제(코이노니아)를 누리게 하신다. 하나님께서는 개인의 완전한 자유와 인류 사회의 공동체성, 교회의 통일성과 다양성, 사람들과 모든 피조물들 가운데 사랑과 생명의 교제의 근거이시다."(대한예수교장로회 신앙고백)

41. 그렇다면 인간이 이해하기 어렵다고 해서 삼위일체는 귀신같은 이론인가요?

아니죠. 귀신같은 이론이 아니라 하나님의 신비한 섭리와 은총에 따른 최고의 신성한 교리입니다.

"우리는 삼위일체 하나님의 성호를 찬미하며, 그 신비하신 섭리와 은총에 감사를 드린다." (21세기 예장통합 교단 신앙고백)

42. 최삼경이 삼신론자가 되도록 내버려두어야 합니까? 교리 교정을 해야 합니까?

세 영을 주장하는 사람은 삼신론자이기 때문에 그를 바로 가르쳐 주어야 합니다. 최삼경도 이단이지만 구원받아야 할 불쌍한 존재이기 때문입니다. 구원은 바리새인들에게도 열려있듯이 바리새적 이단 정죄 신학을 가진 자에게도 열려있습니다. 하지만 최삼경은 바리새인들이 돌이키지 않듯이 자신의 바리새주의적 신학에 젖어 돌이키지 않을 것입니다. 그에게 회개란 없습니다. 그렇게 살다가 지옥으로 가는 것입니다.

최 씨가 회개할 가능성은 쓰레기통에서 장미꽃을 피워내는 것처럼 어려운 일입니다. 최 씨는 "사이비 이단이 회개하려면 죽음을 넘어서는 것과 같은 회개가 있어야 할 것이다. 왜냐하면 영혼을 죽이는 죄를 지었기 때문이다"(교회와 신앙 1999년 11월호. p. 125)라고 하여 최 씨가 죽기 전까지 회개할 가능성은 거의 없습니다. 최근에 그의 논조를 보면 모든 사람이 비판의 대상입니다.

43. 최삼경의 삼신론에 대해서 그가 속한 대한예수교장로회는 어떻게 표현하고 있나요?

(삼신론은) - "본 교단의 신앙과 결의에 위배되는 주장이다"(87차 총회 회의록 2003. 2. 27. p. 299).

44. 최삼경이 속한 예장통합 교단의 신관은 삼신론인가요?

예장통합 교단은 삼신론이 아니라 삼위일체 신관을 갖고 있습니다.

"하나님은 본질에 있어서 한 분이시나 삼위로 계신다. 삼위는 성부와 성자와 성령이시다. 삼위는 서로 혼돈되거나 혼합할 수 없고, 완전히 분리할 수도 없다. 삼위는 그 신성과 능력과 존재와 서열과 영광에 있어서 완전히 동등하시다"(21세기 대한예수교장로회 신앙고백서)

그렇다면 예장통합 교단은 삼신론이 아니라 삼위일체를 주장하고 있군요. 그러나 모순적이게도 예장통합 교단은 삼신론을 주장하는 사람들을 두둔하고 있습니다.

45. 최삼경이 속한 예장통합 교단의 교리 편에는 하나님은 '세 영'들이라는 말이 있나요?

없습니다. 하나님이 '세 영들'이라는 말은 최 씨 이외에 아무도 교단에서 사용하는 사람들이 없습니다. 삼신론자들이 사용하는 용어이기 때문입니다. 그래서 '세 영들'이라는 표현은 어디에도 없습니다.

"우리는 한 하나님이신, 성부, 성자, 성령을 믿는다. 하나님 아버지께서는 그의 아들 예수 그리스도를 통하여 성령님의 조명과 능력으로 신구약성경에 의해서 자기 자신을 계시하셨다" (21세기 대한예수교장로회 신앙고백서)

46. 하나님은 한 분 외에 더 많은 신들이 있습니까?(웨스트민스터 요리문답 5)

하나님은 오직 한 분이시며 살아계신 참 하나님이십니다. [고전 8:4, 신 4:35, 39, 6:4, 렘 10:10]

47. 하나님의 신격에는 몇 위가 계십니까?(요리문답 6)

하나님에게는 성부, 성자, 성령의 삼위가 있는데 이 셋이 한 하나님이며 본질이 같고, 능력과 영광이 동등합니다. [마 3:16~17, 28:19, 빌 2:6]

48. 그리스도가 하나님의 아들이신데 어떻게 사람이 되셨습니까? (요리문답 22)

하나님의 아들이신 그리스도는 참 육신과 영혼을 취하심으로써 사람이 되셨습니다. 그는 성령의 능력에 의하여 동정녀 마리아의 몸에 잉태되어 그에게서 나셨으나 죄는 없으십니다. [마 26:38, 눅 1]

49. 교회사적으로 삼신론으로 정죄당한 사람이 있나요?

있고말구요. 중세 시대 로스켈리누스라는 사람은 "아버지와 아들과 성령은 동일하든지 그렇지 않으면 각각의 인격을 가진 세 신들이다"라고 주장하여 삼신론자로 정죄되었습니다.

50. 그러면 삼신론을 주장한 최삼경의 신관은 이단인가요?

사도신경, 요리문답, 웨스트민스터 신앙고백, 대한예수교장로회 신앙고백에서 '세 영들', '세 분 하나님'이라는 표현을 사용하지 않는 것을 보았을 때, '세 영들', '세 분 하나님'을 주장하는 것은 삼신론이기 때문에 명백히 이단사상입니다.

51. 삼신론은 교회사적으로 언제 나온 이론입니까?

AD. 550년 아스쿠나게스와 필레포네스를 중심으로 한 단성론자들에 의해 주도된 이론입니다. 이들은 "그리스도의 본성은 신성과 인성이 혼합된 단일 본성이며 삼위일체 안에는 세 가지 신적 본질이 있다"고 주장하였습니다.

안톤 군테라는 사람은 "그리스도의 본질은 삼중적이며 지각을 통해서 서로 끌어당기는 세 본질이 형식상 통일을 이룬다"고 하여 세 본질을 주장하다가 이단으로 정죄를 당했습니다.

52. 최삼경이 속한 예장통합 교단은 어떤 반응을 보였습니까?

C 목사(최삼경)는 '하나님을 영이시다'라고 할 때 이것은 하나님의 본질을 나타내는 극히 제한적 용어이다. 그러므로 C 목사 자신도 "삼위 하나님은 본질적으로 영이시다"라고 인정하였다. C 목사는 분명 각각의 본질을 가진 '세 영들의 하나님', 곧 '세분 하나님'을 주장하고 있으므로 그의 주장은 삼신론으로 충분히 오해받을 수 있다. 삼위일체론에서 '페르소나'를 영으로 표현하는 것은 잘못된 것이며 신론에서 '하나님은 영이시다'라고 할 때는 언제나 영은 하나님의 속성-곧 본질을 나타내는 것이다. 혹 영이란 단어를 하나님 안에서 인격의 개체를 표현하는 의미로 쓸 수 있으나 그러나 삼위 하나님을 세 영들의 하나님으로 표현하는 것은 삼위일체론에서는 적절하지 못하다.(대한예수교장로회 86회기 총회 보고서)

53. 최 씨를 삼신론자가 아니라며 추천을 해준 합신 김영재 교수는 삼신론의 위험성을 어떻게 지적합니까?

"인격(persona, person)을 영이란 말과 일치해서 설명하다 보면 잘못된 이론으로 빠져들게 됩니다"고 주장하여 세 인격을 세 영들이라고 해석하면 이단으로 빠져들게 된다는 주장을 하였습니다. 최 씨는 이렇게 해석함으로 금단의 벽을 넘었습니다. 인격을 영(세 영)으로 해석하다가 잘못된 이단으로 빠져들었습니다. 세 영은 삼신론입니다.

54. 궁극적으로 최삼경은 왜 세 영들의 하나님을 고집하는 것인가요?

최삼경은 하나님의 인격을 세 인격으로 보고 있고, 인격은 각각 하나의 영을 갖고 있다고 판단하기 때문에 하나님의 세 영을 주장하는 것입니다. 인격을 영으로 해석하므로 잘못된 이론으로 빠져들게 된 것입니다.

55. 그러면 최삼경이 이단으로 정죄한 사람들 중에 삼신론자가 있습니까?

하나도 없습니다. 박윤식, 김기동, 류광수, 구원파, 조용기, 윤석전 목사도 삼신론을 주장하지 않고 모두 삼위일체를 주장하고 있습니다. 오히려 이단으로 정죄된 사람들이 삼위일체 주장을 하고 있는 것입니다. 그러나 CBS, 뉴스앤조이, 교회와 신앙, 기독교포탈은 삼신론자를 지지하고 있습니다. 예장통합 교단도 내용으로는 이단이라고 하면서도 이단 선고를 하지 않고 있습니다.

마리아 월경잉태론

56. 최삼경이 마리아 월경잉태론자라고 하는데 사실입니까?

예, 전 세계적으로 유례없이 최삼경은 예수 탄생에 대해서 유달리 마리아의 월경을 강조하고 있습니다. 서울동부지법도 최삼경이 이러한 강의를 하고 다녔다는 것을 인정하고 있습니다.

나. 2015. 5. 23.경 범행

위 공소사실에는 최삼경이 마리아 월경잉태론을 주장한 사실이 없다고 기재되어 있으나, 피고인이 제출한 각 언론 기사에 의하면 기독교계에서는 이른바 '삼신론'과 '마리아월경잉태론'의 이단 여부에 관하여 격렬한 논쟁이 벌어졌고, 최삼경이 위 이론을 주창하고 있다는 여러 지적이 제기됨에 따라 한국기독교총연합회가 최삼경에 대해 청문회를 실시하고 위 이론에 대한 조사보고서를 내기도 하였던 사실, 최삼경이 마리아월경잉태론에 관하여 주장하고 강연을 한다는 내용의 언론기사가 여러 차례 있었던 사실이 인정되고, 이에 의하면 최삼경의 진술만으로는 피고인이 작성하여 게시한 위 기사내용이 허위라거나 피고인이 허위임을 인식하였다고 인정하기에 부족하고, 달리 이를인정할 증거가 없다.

4. 결론

따라서 이 부분 공소사실은 범죄의 증명이 없는 경우에 해당하므로 형사소송법 제325조 후단에 의하여 무죄를 선고한다.

판사   김준혁 _____

57. 최삼경 씨가 월경에 관심을 갖게 된 계기는 무엇입니까?

박윤식 목사가 설교를 하다가 월경은 에덴동산에 없었는데 타락한 후 생겼다는 주장을 하자, 최 씨는 이에 대한 반박을 하다가 "월경은 타락하지 않았어도 있었다고 본다. 타락한 후에 월경이 부정하게 된 것이지 타락한 후에 월경이 생긴 것이 아니라고 보아야 맞다"(현대종교 2000. 5월)며 월경에 관심을 갖게 되었습니다. 이렇게 해서 최 씨의 소위 '월경 신학'이 잉태된 것입니다. 최 씨는 에덴동산부터 월경이 존재했다는 것입니다.

58. 최 씨는 예수의 탄생에 대해서 어떻게 생각합니까?(현대종교 2000. 5월)

최 씨는 월경 신학에 재미를 느낀 나머지 "예수님도 월경 없이 태어났다는 말이 기독론적으로 맞는가?"라며 예수의 탄생에까지 관심을 갖습니다. 그는 "예수님이 월경 없이 태어났다는 말 속에는 예수님의 인성이 부정되고 만다"며 예수의 성령으로 인한 탄생보다 월경에 의한 탄생에 비중을 두게 됩니다.

59. 최삼경은 구체적으로 마리아의 월경에 대해 어떻게 표현을 하였나요?(현대종교 2000. 5월호)

"마리아는 요셉의 정액에 의하여 임신하지 않았다는 말은 성경이 주장하는 사상이다"

"월경 없이 태어났다는 말은 마리아의 육체를 빌리지 않고 태어났다는 말과도 같이 된다. 굳이 마리아의 몸에 들어가 10달이나 있어야 할 필요가 없는 것이다"

"마리아에게 월경이 없었어야 예수님의 무죄를 증명한다면 아브라함에게 나타난 천사처럼 마리아의 몸을 빌리지 않고 그냥 오셨어야 한다."

"마리아가 월경이 없었다는 말은 마리아의 피 없이 예수님이 마리아의 몸에서 자랐다는 말이 되기 때문에 인성이 부정되는 결과를 가져오고도 남는다"

"마리아가 젊은 나이에 월경이 없을 리가 없다고 본다. 그렇게 본다면 마리아는 예수님을 임신하고도 하혈의 월경은 계속했어야 한다는 말이 되는 것이다."

"어떻게 하여도 예수님은 마리아의 몸을 빌렸다는 것만으로도 죄인이 될 것이다"

"예수님은 마리아의 월경으로 잉태되시고 마리아의 피를 받아 먹고 자라고 출생하셨다."(현대종교 2005년 8월호)

"월경을 통해 태어나지 않았다면 마리아의 몸을 빌려서 나신 것만으로도 예수님은 죄인이 되고만다."

"월경 없이 태어났다는 말은 기독론적으로 아주 이단적인 말이다"

> 마리아가 월경이 없었다는 말은 마리아의 피 없이 예수님이 마리아의 몸에서 자랐다는 말이 되기 때문에 인성이 부정되는 결과를 가서오고도 남는다.

그래서 임신을 하면 월경이 없어지는데 그 피가 아이에게 가는 것이다. 그 피로 아이를 기르는 것이다. 예수님이 월경없이 태어났다는 말 속에는 예수님의 인성이 부정되고 만다.

60. 마리아 월경잉태론에 대해서는 어떤 기관에서 이단으로 정죄했습니까?

최삼경은 한국기독교총연합회에서 2011년 중세이후 가장 사악한 이단으로 정죄되었습니다. 한기총 질서위는 24일 저녁 서울 연지동 한기총 세미나실에서 기자회견을 열고 "최삼경 목사의 삼신론과 월경잉태론은 심각한 이단이자 신성모독에 해당한다"고 말했습니다. 이날 발표된 보고서에는 "삼신론은 성삼위 하나님의 본질의 통일성(단일성)을 부정하는 것으로 (삼신론은) 삼위일체 안에 세 가지 신적 본질(ousiai)이 있다고 주장하는 이단사상을 지칭한다"고 언급했습니다. 또 "'예수의 마리아 월경잉태론'도 "마리아의 월경으로 예수가 태어났다고 주장하는 것은 결국 예수에게 생명을 준 이가 마리아라는 이야기"라고 지적했습니다.

61. 예장통합 교단에서는 예수의 인성을 강조한 교리에 대해서 어떻게 평가하였나요?

"정통적인 기독론은 예수 그리스도가 하나님이고 구세주이시며, 그의 동정녀 탄생과 십자가의 고난과 대속적 죽음과 육체적 부활을 가르친다. 그런데 스스로를 메시야나 구세주 또는 재림예수라 주장하거나 예수의 신성을 강조하고 인성을 약화시킨 가현설이나 인성을 강조하고 신성을 약화시킨 양자설이나 예수의 유죄설은 모두 명백한 이단으로 규정된다"(예장통합 교단 93차 총회 보고서)

62. 예장통합 96차 이단사이비관련조사위원회는 마리아 월경잉태론에 대해 어떻게 결론을 내렸나요?

"최삼경 목사는 안디옥학파처럼 예수그리스도의 인성을 힘주어 주장하다가 예수님의 인성으로 기울어져, 하나님의 아들에 의한 양성의 통일성을 약화시킨 셈이다"

"우리 이단사이비관련조사연구위원회는 그 어떤 생물학이나 의학이나 물리학과 같은 인간의 학문을 성경해석과 신조 해석에 결코 직접적으로 사용할 수 없다고 하는 사실에 전혀 이견이 없었다. 다시 말하면 우리는 예수님의 탄생 그 자체에 대한 생물학적이고 의학적이며 물리학적인 해석으로 인한 논쟁이야말로 우리교회에게 아무런 유익도 주지 못한다고 하는 결론에 도달하였다."(예장통합 96차 이단사이비관련조사위원회 보고서)

63. 96차 총회 보고서에 의하면 하나님의 아들의 양성의 통일성을 약화시킨 것은 이단입니까? 사이비입니까?

이단이기도 하고, 사이비이기도 합니다.

64. 칼케돈 신조는 양성의 통일성을 약화시키나요, 완전한 통일성을 주장하나요?

"한 분이시요 동일하신 그리스도, 아들, 주, 독생자는 두 성품에 있어서 인식되되 혼합됨이 없으시며 변화됨이 없으시며 분리됨이 없으시며, 분할됨이 없으시며 - 이 연합으로 인하여 양성의 차이가 결코 제거되지 아니하며, 오히려 각 성의 특성이 그대로 보존되어 있어 한 품격 한 개체에 있어서 결합되어 있다.- 그리하여 두 품격으로 분할되거나 분리되거나 하지 않으며 한 분이시오, 동일하신 아들, 독생하신 하나님, 말씀, 주 예수 그리스도시니라. 이는 옛적에 선지자들이 가르친 바요, 주 예수 그리스도께서는 친히 자신에 대하여 가르치신 바이며 교부들이 신조로서 우리에게 전하여 내려오는 바와 같으니라"라고 하여 신인성의 완전한 통일성을 주장하였습니다.

65. 그렇다면 칼케돈 신조에 반하여 예수의 신인성의 통일성을 약화시킨 최삼경의 신학은 이단인가요? 아닌가요?

예수의 신성과 인성의 통일성을 약화시켰기 때문에 이단입니다.

66. 장신대 이형기 교수는 마리아 월경잉태론에 대해서 어떻게 생각합니까?

"인간 예수는 역사적이요 동시에 초역사적이시다. 바로 이분이 성령에 의

이단감별사! 그것이 알고 싶다

하여 동정녀 마리아에게서 나신 분으로서 모든 인류를 위하여 세례를 받으셨고, 성령에 이끌리시어 시험을 받으셨으며, 하나님 나라를 선포하시고 그것을 미리 보여주셨으며 온 인류와 창조세계를 위하여 십자가에 달려 죽으셨다가 부활하신 하나님의 아들이셨다."

67. 웨스트민스터 신조는 성령의 잉태를 주장합니까? 마리아 월경잉태를 주장합니까?

삼위 중의 둘째 위가 되시는 하나님의 아들은 참 하나님인 동시에 영원하신 하나님으로서 아버지되시는 하나님과 동일한 본체에서 나왔으며 따라서 아버지와 동일하시다. 그는 때가 이르매 사람의 본체를(요일:1:1, 요일 5:20, 빌 2:6, 갈 4:4) 입으셨다. 사람이 가지는 모든 근본적 요소와 거기서 나오는 일반적 결점을 가졌으나 죄만은 가지지 않으셨다(히 2:14, 16, 17, 4:15). 그는 성령의 힘으로 동정녀 마리아에게 잉태되어 그 여인의 몸에서(눅 1:27, 31, 35, 갈 4:4) 탄생하셨다. 이와 같이 온전하고 독특한 두 본성, 즉 신성과 인성을 끊을 수 없게 한 인격 안에 결합되어 변경되거나 혼성이 되거나 혼동될 수 없게 되었다(눅 1:35, 골 2:9, 롬 9:5, 벧전 3:18, 딤전 3:16). 이 분은 참하나님인 동시에 참사람이며, 한 그리스도요 하나님과 사람 사이에 있는 유일한 중보자가 되신다(롬 1:34, 딤전 2:5).

68. 대한예수교장로회 예장통합 교단의 신조에서 예수의 탄생에 대해서 어떻게 언급하고 있습니까?

"우리는 예수 그리스도가 하나님의 아들로서 사람이 되셨다는 것과(요 1:14), 그가 하나님이시오, 또한 사람이시며, 하나님과 사람사이의 유일의 중보자가 되신 것을 믿는다(엡 2:13~16, 딤전 2:5). 그는 성령으로 잉태하사 동정녀 마리아의 몸에서 나시사 완전한 사람이 되어 인류 역사 안에서 생활하셨다(마 1:23). 이와 같은 그리스도의 성육신은 단 한번으로써 완결된 사건이요, 최대의 기적에 속하는 사건이다(히 9:28)."

69. 칼빈은 "이는 성령으로 잉태하사 동정녀 마리아에게 나시고"라는 구절을 어떻게 이해하고 있습니까?

"그리스도께서는 예언에 따라 진정한 다윗의 후손이 되시기 위하여, 동정녀 마리아의 품에서 태어났습니다. 이는 한 남성과의 동침 없이 영의 능력을 통하여 기적적이며 신비로운 방식으로 실현된 것입니다." (제네바 교회의 교리문답 49)

70. 최삼경은 칼빈이 예수가 마리아의 난자에서 태어났다고 주장하는데 사실입니까?

칼빈은 그런 말을 한 적이 없습니다. 최삼경의 거짓말입니다. 기독교강요의 내용을 보면 마리아의 씨가 마리아의 난자로 해석될 수 없습니다. 보아스가 라합에게 낳다는 것처럼 씨는 난자가 아니라 혈통이나 후손을 의미하는 것입니다.

71. 기독교강요에는 '난자'라는 말이 있나요?

없습니다. 최삼경이 지어낸 말입니다. 최삼경은 영어에 서투르기 때문에 seed를 난자로 해석을 하고 있는 것입니다. 기독교강요 영문판도 씨로부터 탄생되었다는 것을 'similar generation'(유사한 세대)이라는 표현을 사용하는 것을 볼 때 <u>여성의 난자가 아니라 후대를 의미하고 있습니다.</u> 칼빈이 seed를 난자로 주장하였더라면 generation(후손, 세대)이라는 표현을 사용하지 않고 ovum(난자)이라는 표현을 사용했을 것입니다. 보아스가 여인의 후손인 것처럼 예수도 여인의 후손이었다는 것입니다.

그러나 최삼경은 후손을 난자로 해석하여 이단 비판을 자초한 것입니다. 상기의 내용을 보더라도 예수는 마리아의 난자에서 태어났거나 마리아의 피를 먹고 양육된 것이 아니라 동정녀의 자궁에서 양육된 것입니다(He was nourished to maturity in the Virgin's womb).

72. 그러면 마리아 월경잉태론은 이단 이론이라고 할 수 있나요?

예, 충분히 이단 이론입니다. 웨스트민스터 신경, 사도신경, 교단 신조, 칼빈의 기독교강요, 제네바 요리문답 등 모두 예수가 마리아 월경을 통해서 탄생되었다는 것을 주장하지 않고, 성령을 통해서 예수가 태어났다고 주장하기 때문에 최삼경 씨의 이론은 이단 이론이라고 말할 수 있습니다.

임신하면 월경이 끊어지므로 여인의 피가 아이에게로 간다는 것은 의학적인 오류이고, 성령에 의한 동정녀 탄생을 부인하는 것과 인성을 강조함으로 예수의 통일성이 약화된 것은 기독론적인 오류이고, 성모에 대해 여인의 월경을 강조한 것은 신성모독에 해당하는 불경죄입니다. 불경죄를 범하다 보면 전립선암이라는 음경 부위에 치명적인 질병에 걸릴 수도 있습니다.

73. 이러한 최삼경을 감싸는 언론이나 교단은 어딘가요?

언론은 CBS, 뉴스앤조이, 교회와 신앙, 기독교포탈, 뉴스미션 등이고 교단은 예장통합 교단, 예장합동, 예장합신입니다. 이들은 근본주의 신학에서 벗어나지 못하고 비본질적인 것을 갖고 이단으로 정죄하는데 앞장선 언론이거나 교단입니다. 예장통합은 원래 에큐메니칼을 지향하는 교단인데 최삼경이 이대위에 들어와 교단을 농락하여 이단 정죄를 하는데 있어서 근본주의 신학에 머무르게 된 것입니다. 이는 신학적 오류입니다. 신학은 개방적인데 이단 정죄는 원리주의적이었습니다.

최삼경의 언어

74. 최삼경이 주로 사용하는 신성모독적인 언어는 무엇입니까?

'요셉의 정액', '마리아의 하혈', '마리아의 월경', '밥 먹고 똥 싸는 예수님' 등의 언어를 사용하여 신성을 모독하고 있습니다. 이후에 그는 전립선암을 앓게 됩니다. 신성모독을 하다가 걸린 질병일 가능성도 있습니다.

5. 최삼경이 주로 사용하는 신성모독적인 언어는 무엇입니까?
요셉의 정액, 마리아의 하혈, 마리아의 월경, 밥먹고 똥싸는 예수님

6. 최삼경은 마리아 이외에 예수에 대해서도 신성모독적인 언어를 말한 적이 있습니까?
점촌시민장로교회에서 "이단을 연구해 보니까 한국교회에는 이단문제가 상상치 못할 만큼 심각합니다. 놀라운 것은 한국에는 밥먹고 똥싸는 예수님이 몇 명이 되는가 하면 오십명이나 됩니다"라고 하여 예수님을 모독하였습니다(1991, 6, 10-12일, 점촌시민장로교회 최삼경 강의, 심삼용, "종교마피아적 목사 최삼경의 한국교회 밟기" p.81에서 인용).

7. 목사들에 대해서도 모독적인 발언을 한 적이 있습니까?
"그렇죠. 정통교회 목사님들이야 그 얼굴 뭐내고 싶은 생각도 없잖아요. 주로 공명심 좋은 목사들—맨날 그냥 뭐 어디 신문에 얼굴 내 가지고 어째서 그 어디 여의도에 모이면 다들 그냥—무슨 명함을 보면 명함에 무슨—이게 기독교가 부패한 지금에 또 무슨 행사만 하면—지랄들 하고 앉아 가지고—미친놈들이, 이게 환장한 놈들이에요. 지금 이 기독교가 안전히 지금 썩어 문드러져—라고 하였습니다"(1996. 5. 27-28, 유사 종교세미나, 대전유성, 심삼용, p.83 인용).

8. 최삼경 목사는 입이 할례를 받지 못했군요, 이러한 신성모독적인 말을 하는 사람에게 성령이 가득찬가요, 악령이 가득찬가요?
두말하면 잔소리입니다. 그러한 입에는 악령이 가득합니다. 성경에 형제에게 '라가' 라 하는 자는 지옥불에 떨어진다고 하였으니까요. 더군다나 신성모독을 하거나 삼위일체를 폄하한 자도 지옥 아랫목에 떨어집니다.

- 14 최삼경! 그것이 알고 싶다! -

75. 최삼경은 마리아 이외에 예수에 대해서도 신성모독적인 언어를 말한 적이 있습니까?

점촌시민장로교회에서 "이단을 연구해 보니까 한국교회에는 이단 문제가 상상치 못할 만큼 심각합니다. 놀라운 것은 한국에는 밥 먹고 똥 싸는 예수님이 몇 명이 되는가 하면 오십 명이나 됩니다"라고 하여 예수님을 모독하였습니다.(1991. 6. 10~12일, 점촌시민장로교회 최삼경 강의, 심삼용, "종교 마피아적 목사 최삼경의 한국교회 밟기" p. 81에서 인용).

76. 목사들에 대해서도 모독적인 발언을 한 적이 있습니까?

"그렇죠. 정통교회 목사님들이야 그 얼굴 뭐 내고 싶은 생각도 없잖아요. 주로 공명심 좋은 목사들… 맨날 그냥 뭐 어디 신문에 얼굴 내 가지고 어째서 그 어디 여의도에 모이면 다들 그냥… 무슨 명함을 보면 명함에 무슨… 이게 기독교가 부패한 지금에 또 무슨 행사만 하면… 지랄들 하고 앉아 가지고… 미친놈들이, 이게 환장한 놈들이에요. 지금, 이 기독교가 완전히 지금 썩어 문드러져…"라고 하였습니다.(1996. 5. 27~28, 유사종교세미나 대전유성, 심상용. p. 83 인용).

77. 최삼경 목사는 입이 할례를 받지 못했군요, 이러한 신성모독적인 말을 하는 사람에게 성령이 가득한가요, 악령이 가득한가요?

그의 언어를 보면 성령이 가득한지, 악령이 가득한지를 알 수 있습니다.

그의 입은 할례받지 못하여 오입이 되었습니다. 더러운 언어를 입으로 많이 말하였습니다. 이외에도 최삼경은 "자신은 목사로 자라나 목사로 저주받은 사람이다"라고 더러운 말을 하곤 했습니다. 그의 저주가 그의 말대로 현실화되어 가는 것이 아니냐는 조심스런 전망도 나오고 있습니다.

최근에도 자신보다 연세가 높은 한 집사에게 다음과 같은 말로 카톡을 보내어 그의 입이 더럽다는 것을 드러내고 있습니다.

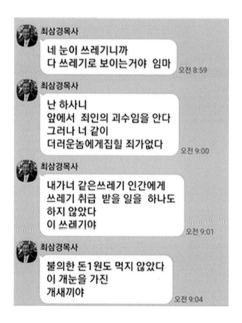

최삼경은 설교 시에도 '놈', '년', '똥', '오줌', '대변', '콧물', '지랄', '미친놈', '환장한 놈' 등의 더러운 소재를 사용하여 더러운 입의 오입적

인 설교를 하고 있습니다.

최삼경의 언어(똥싸는 하나님, 이 년, 저 년, 군대 간 놈들, 이단조작, 이단협박의 언어)

편집인 ✉️ 입력 : 2021/05/22 (17:34)   조회수 : 277   🖨️✉️🐦f✕

이단감별사 최삼경의 언어 감별

최삼경의 언어를 분석해 보면 선정적이고 욕설이 많이 있고 때에 따라서 이단조작을 하고 이단 협박조의 언어가 있는 것이 드러났다.

그러므로 최삼(三)경보다는 최오(汚)경이 더 어울릴 정도입니다. 그러다 최사(死)경이 되는 것입니다. 그러한 입에는 악령이 가득합니다. 성경에 형제에게 '라가'라 하는 자에게 지옥불에 떨어진다고 하였으니까요. 더군다나 신성모독을 하거나 동료 목사들을 폄하한 자도 지옥 아랫목에 떨어집니다.

78. 최근 예장통합 교단이 최삼경에 대해서 어떻게 평가하였나요?
이두우 장로가 최삼경의 8가지 의혹을 조사해 달라고 총회 임원회에 탄원한 결과 총회 임원회는 "최삼경 목사에 대한 탄원과 관련하여 여러 경로로 <u>면밀히 검토한 결과, 문제점은 있으나</u> 현재 최삼경 목사는 은퇴 목사이고, 본 교단 총회의 화평을 위해서 귀하가 제출한 서류를 반려하니 양해해 주시기 바랍니다"며 문제점이 있다고 했습니다.

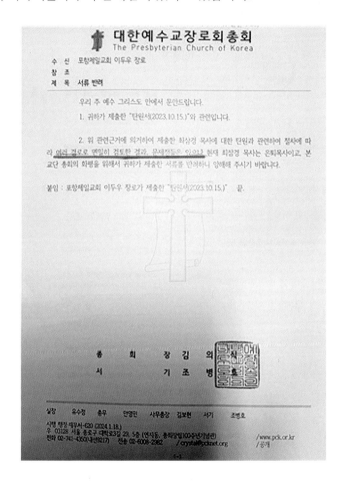

79. 최삼경의 이단 정죄 영향으로 사망한 사람도 있나요?

17. 이단·사이비대책위원회 보고서

제94회 총회 이후 1년 동안의 이단·사이비대책위원회의 사업경과를 다음과 같이 보고합니다.

보고인 : 위원장 유영돈

I. 조 직

위원장 : 유영돈   서 기 : 최삼경   회 계 : 이정수
위 원 : 최영환 변정식 김재영 윤동석 유한귀 이락원 김한식 림형석
        조석환 정 욱 최선모 심영식
전문위원 : 허호익 탁지일 김명용
〈분과위원회〉
연구분과/위원장 : 김한식 목사   서 기 : 최선모 목사
        위 원 : 김재영 목사 림형석 목사 허호익 교수 탁지일 교수
        김명용 교수 구춘서 교수
조사분과/위원장 : 변정식 목사   서 기 : 정 욱 목사
        위 원 : 유한귀 목사 심영식 장로
상담분과/위원장 : 윤동석 목사   서 기 : 조석환 목사
        위 원 : 최영환 목사 이락원 목사
〈이단·사이비문제상담소〉
소 장 : 구춘서

94회기 총회 보고서에 의하면 "박철수 씨의 영성화운동은 잘못된 인간론과 잘못된 영인식으로부터 비롯된 것으로 이는 비성경적인 운동으로 본 교단 목회자나 성도들의 참여를 금해야 할 것이다"고 했습니다. 사실상 이단 정죄를 한 것입니다.

"기본적으로 모든 성도들은 성령의 아홉가지 은사를 입어야만이 실제적인 훈련이 될 수 있고, 기본적으로 은사를 경험함에 따라 성경을 볼 수 있는 신령한 눈이 열리기 때문에 반드시 성도는 성령의 아홉가지 은사를 기본적으로 받아야만 한다"(「영성형성을 돕는 길」, p. 131).

"이것을 안 받으면 목회를 못해. 목회를, 요것을 꽉 받아서 짝짝 써먹어야 아주 편안하게 목회한다고, 이것 안 하면 맨 그냥 짜내가지고 사전 찾고 뭐 찾고 그것 찾아가지고 하니까 세월은 다가고 골치만 아프고 머리만 빠개지는 거야. 그러니까 아홉 가지 은사는 필연적이고 필수적이야. 이것 다 받아서 은사가 충만해서 그것을 평범하게 활용할 수 있는 단계에 들어가면 뭐 보통 좋은 게 아니죠. 편안하고, 설교준비에 대해서도 하나님께 물어요. '앞으로 어떻게 설교를 해 나갔으면 좋겠습니까?' '성경 어디를 강해해라.' 알았습니다. 강해를 쭉하면 된다고"(박철수 '성령의 이중적 사역' 중생 1번 테이프).

5. 연구결론
박철수 씨의 영성화운동은 잘못된 인간론과 잘못된 영인식으로부터 비롯된 것으로 이는 비성경적인 운동으로 본 교단 목회자나 성도들의 참여를 엄히 금해야 할 것이다.

결국 박철수 목사의 아내 임정목 사모는 충격을 받고 쓰러져 오랜 치료에도 불구하고 결국 숨을 거두고 말았습니다.

3. 원고 박철수목사의 호소

원고 박철수목사는 대한예수교 장로회 통합 총회로부터 제기 돼 온 이단시비로 인해 충격을 받아 병원 응급실에 실려가 치료를 받았으며 현재도 우울증으로 통원치료를 받고 있습니다(증거 5 병원진단서).

또한 원고의 아내 임정목사모는 날편의 이단시비 소식을 전해 듣고 충격을 받아 쓰러져 구급차에 실려 병원으로 옮겼으나 오랜 치료에도

불구하고 끝내 숨을 거두고 말았습니다(증거 6 말소자 등본).

이단결정으로 아내까지 충격으로 사망

그는 정상적인 절차도 없는 대한예수교장로회의 총회 이단결정에 자신은 이단시비로 인해 충격을 받고 병
응급실에 실려가 치료를 받았고 현재도 우울증으로 통원치료를 받고 있으며, 아내는 이단소식을 듣고 충격을
받아 쓰러져 끝내 숨을 거두고 말았다고 했다. 한 신도는 이단교회 교인과 결혼할 수 없다며 파혼까지 당했다
고 했다.

박철수 목사

한 언론사의 아내도 이단교회도 아닌데 이단교회에 다닌다는 말로
충격을 받아 사망하게 되었습니다.

한기총은 2011년 최삼경을 삼신론자와 마리아 월경잉태론자로 판단,
중세 이후 가장 악한 자라고 하여 이단으로 정죄하였다.

지난 30년 동안 한국교회에서 가장 큰 영향력을 행사한 사람이 있
다면 아마도 이단감별사 최삼경 일 것이다. 그는 전북 부안 사람으로
최인혁의 두 번째 아내에게서 태어나, 동향 사람 故 탁명환과 함께 이
단감별을 통해서 한국교회에 무분별하게 이단 정죄 작업을 해 온 사
람이다. 그는 그가 운영하는 '교회와 신앙'에 후원을 하면 관대하고 후
원을 하지 않으면 이단이나 비윤리적인 사람으로 만들었다.

최삼경은 부안농고와 총회신학원 출신으로서 탁명환이 이끄는 현
대종교에 들어가 탁명환과 함께 활동을 하면서 이단 정죄에 대한 맛
을 키워갔다. 최삼경의 첫 번째 이단 정죄의 작품은 탁명환과 함께 박
윤식 목사를 이단으로 조작하는 것이었다. 김기동 목사에 대해서는
이단 정죄사에도 없는 귀신론을 갖고 이단으로 정죄하는 데 공헌을

했다. 알다시피 교회사의 이단 기준은 신론, 기독론, 삼위일체론 등에 대한 본질적인 것인데, 최삼경은 비본질적인 귀신론을 갖고 이단 정죄의 기준으로 삼았다. 이로 인한 피해자는 한둘이 아니었다.

대표적인 희생자는 김기동, 이초석, 윤석전, 조용기, 이명범, 최바울(인터콥), 류광수 목사 등이었다. 불행한 것은 이러한 최삼경의 자의적이고 주관적인 기준에 대해 '예장통합'교단과 '한기총'이 놀아난 것이다. 교단과 연합단체를 통해서 수많은 사람들이 본질적인 것이 아니라 비본질적인 것으로 이단으로 정죄된 것이다. 다행히 한기총은 2011년 최삼경을 삼신론자와 마리아 월경잉태론자로 판단, 중세 이후 가장 악한 자라고 하여 이단으로 정죄하였다.

그래서 이 책은 최삼경이 공적인 인물로서 그의 정체성에 대한 분석을 하고자 했다. 한국교회와 독자들에게 이단감별사로서의 최삼경에 대한 이해도를 높이기 위함이다.

최삼경은 자신이 세운 귀신론적 기준을 갖고 수많은 사람을 이단 정죄했고, 사소한 윤리적 단점이라도 나타나면 침소봉대하여 자신은 의인인 듯 타인에 대해서는 의혹만 발생해도 수십 개의 기사를 써서 악인으로 몰아갔다. 그래서 누가 진정으로 의인인지, 악인인지 구분해 보자는 것이다.

그는 '교회와 신앙'에 후원을 하지 않는 통합교단의 총회장이나 목회자들에 대해서 약점만 나타나면 침소봉대하여 신랄한 비판과 비난을 쏟아부었다. 그러나 불법 후원교회 명단에도 나타나듯이 매달 10만 원이라도 후원을 하여 보험을 든 목회자들은 교리적·윤리적 약점이 발생해도 관대했다.

그래서 이 책은 최삼경의 교리, 윤리, 약력, 언어, 행태에 대해서 다루면서 이단감별사로의 한국교회에 무소불위의 힘을 휘두르던 그가 누구인지 알아보고자 했다. 구체적인 내용으로 학력, 이명, 족보, 원로목사 추대, 우상숭배 및 성 상납 의혹, 불법 후원금, 이단으로부터 금품수수, 전광훈 목사에게 5억 요구, 이인강 목사 협박, 증거 없는 불륜 의혹 제기, 이단 정죄의 기준(귀신론) 등에 대해서 79가지 문답 형식을 갖고 최삼경의 교리와 행위에 대해서 언급하였다.

따라서 최삼경이 누구인지에 대해서 알고자 하는 사람들은 이 책을 한번 읽어보기를 바란다. 이 책을 발간한 에셀나무 출판사 고정양 대표에게 감사를 드린다.

2024년 8월 14일